MW00814986

España en los diarios
de mi vejez

Seix Barral Biblioteca Ernesto Sabato

Ernesto Sabato
España en los diarios de mi vejez

Sabato, Ernesto
 España en los diarios de mi vejez.- 1ª ed. – Buenos Aires :
Seix Barral, 2004.
 240 p. ; 23x14 cm.- (Biblioteca Ernesto Sabato)

 ISBN 950-731-428-8

 1. Narrativa Argentina I. Título
 CDD A863

Diseño original de la colección:
Josep Bagà Associats

Diseño de cubierta: Mario Blanco

© 2004, Ernesto Sabato
c/o Guillermo Schavelzon & Asoc. Agencia Literaria
info@schavelzon.com

© 2004: EDITORIAL SEIX BARRAL, S. A.
Avda. Diagonal, 662-664 - 08034 Barcelona
www.seix-barral.es

ISBN: 84-322-1193-1

Derechos exclusivos de edición
en castellano reservados
para todo el mundo:
© 2004, Grupo Editorial Planeta S.A.I.C. / Seix Barral
Independencia 1668, C 1100 ABQ, Buenos Aires
www.editorialplaneta.com.ar

1ª edición argentina: 30.000 ejemplares

ISBN 950-731-428-8

Impreso en Grafinor S. A.,
Lamadrid 1576, Villa Ballester,
en el mes de junio de 2004.

Hecho el depósito que indica la ley 11.723
Impreso en la Argentina

A los chicos y jóvenes que diariamente van a los
«fogones» de nuestra fundación en busca de alimento,
de libros, de una esperanza ante la vida,
con mi fe en ellos, y mi compromiso.

Y a Gladys Aguilar, que ha cuidado de nosotros
durante tantísimos años, con profunda gratitud.

PRÓLOGO O JUSTIFICACIÓN

Como me ha sucedido siempre en la vida, la decisión de publicar este libro me ha llegado luego de sufrir interminables oscilaciones.

Estos apuntes fueron escritos, y mayormente dictados a Elvira González Fraga, hace dos años, durante mis viajes por España, en aquel momento en que la Argentina se desplomó después de gobiernos nefastos, dejándola en un estado de miseria, desempleo y destrucción como jamás nadie pudo imaginar.

Algunas páginas han sido largamente elaboradas a mi vuelta o durante esos largos meses en que estuvimos de viaje. Otras permanecen como me salieron, apenas comentarios a la vida cotidiana.

Creo haber expresado algo de lo que siente un hombre al inminente borde de la muerte. Pido perdón a los lectores si no encuentran en ellos más que esbozos, apenas borradores.

El diario parece ser un escrito a mitad de camino entre la ficción y el ensayo.

9

Cuando me prevalece la paranoia o el pudor o la vergüenza, enarbolo el sentido crítico y corrijo, y trato de alejarme del lado oscuro, nocturno, contradictorio y débil de la existencia. Trato de hacer algo fuerte.

Cuando, como ahora, prevalece mi deseo de poner lo que salga, de confesarme, hablo sin pensar.

Siempre hay máscaras; salvo cuando el dolor, la bronca o la devastadora gratitud nos desnuda el alma.

Tengo otro gran motivo para querer publicar estas páginas: la recuperación de la Argentina, este renacer de las posibilidades que se viven hoy, y que muestran, una vez más, que lo que pareció imposible está encontrando su surco. Que la utopía es el único camino.

ERNESTO SABATO

Santos Lugares,
fines de marzo de 2002 - junio de 2003

PRIMERA PARTE

5 de abril de 2002

Cuando la angustia de los hombres de mi patria hace insoportables las horas, vuelvo a aquel gran país de mi juventud y, entonces, afanosamente busco un hilo de Ariadna que pudiera hacer comprensible tanto dolor y desconcierto.

Melancólicamente nos recuerdo tiritando de emoción en el patio de mi escuela de campo, entonando aquellas canciones en honor a los héroes, creyentes en que nosotros también, como ellos, daríamos lo mejor por esta tierra fecunda que nos albergaba en busca de un destino de grandeza.

¿Qué pasó entre aquellas mañanas plenas de promesas y este tiempo aciago en que nuestra gente padece hambre y frío? ¿Qué alta traición cometimos?

Me voy para España por dos meses, un tiempo peligrosamente largo —hasta la muerte podría hallarme lejos de mi patria— a dar unas conferencias y recibir honores, que mucho agradezco y que sin duda me alentarán, pero voy en verdad para que la ausencia ahonde en mí un tal deseo por la Argentina que pueda transmitir, ya viejo y casi sin fuerzas, las reservas de esperanza que guarda en ella mi alma.

Abril, en Madrid

El viaje fue bueno.

Desde la altura volví a asombrarme de la palpable pequeñez del hombre tanto como de su desafío. Microscópico, el avión parecía moverse en un océano inconmensurable, mientras los enormes edificios, las arboledas y los monumentos iban adquiriendo proporciones más modestas, imprecisos puntos en fuga. Enseguida no se distinguieron los barrios de Buenos Aires, ni el trazado de sus calles, ni el legendario puerto del que me hablaba mi padre. Pronto nada se vio salvo la plenitud azul del océano y del cielo.

Pero imborrables como una llama delante de mis ojos quedaron las imágenes desgarradoras del aeropuerto; abrazos al borde del exilio.

Para serenarme, Elvira me estuvo mostrando mapas de algunas de las ciudades que visitaremos, y que ella ha traído sabiendo de mi fascinación por ellos. No porque sea una especie de etnólogo, antropólogo o cosa por el estilo. Simple y perdurable reminiscencia de mi época de niño solitario e introvertido que, absorto ante los mapas de un tal Artero, comenzaba a inclinarse por las ficciones y los lugares remotos en el tiempo y en el espacio. Vemos la geografía, leemos sus

14

inscripciones: ¿quiénes eran sus habitantes?, ¿qué relación tendrán con aquellos vascos y gallegos de mi pueblo pampeano que jugaban en los frontones de pelota, o con aquel hombrón de boina negra y faja colorada que a la mañana nos traía leche fresca y hablaba a los gritos, en una lengua incomprensible, con un peón de nuestra casa?

En el avión he seguido preparando una de las conferencias. Después de idas y vueltas, le he puesto de título «Un horizonte ante el abismo».

He venido a España probablemente por última vez. Soy recibido con todo el afecto, la devoción con que este pueblo admirable me ha tratado siempre.

Las primeras palabras quiero que sean de gratitud a la generosa y enorme ayuda que la gente de distintos pueblos de España nos ha hecho llegar a través de iglesias y distintas instituciones, como en otros tiempos nosotros supimos hacerles llegar a ellos, cuando nuestro país era una nación próspera.

Todos ustedes comparten conmigo el profundo dolor que siento por nuestra Patria.

Amo a esa tierra mía desventurada como es hoy porque allí nací, tuve ilusiones, luché con el sueño de transformar el mundo, amé y sufrí, y porque a una tierra nos une entrañablemente, no sólo sus felicidades y virtudes, sino y sobre todo, sus tristezas y precariedades. En mi país conocí a las personas que más me han amado y alentado, gente sensible, generosa, llena de talentos y posibilidades. A ellos les pertenezco en medio de esta tragedia que vivimos como lo más sagrado.

La Argentina ha caído de la situación de país

rico, riquísimo, que yo en mi juventud conocí como la séptima potencia del mundo, a ser hoy una nación arrasada por los explotadores y los corruptos, los de adentro y los de afuera. Hundida en la miseria, sin plata para cubrir las más urgentes necesidades de salud y educación; exigida permanentemente por las entidades internacionales a reducir más y más el gasto público, siendo que no hay ya ni gasas ni los remedios más elementales en los hospitales, cuando no se cuenta ni con tizas ni con un pobre mapa en los colegios; esos colegios que supieron ser, cuando yo era un chico, un modelo de educación, como de los mejores del mundo.

Somos hoy un país pobre, una deuda externa extenuante pesa sobre nuestro pueblo. Sufrimos una sensación de impotencia que parece comprometer la vida de los hombres.

Sin embargo, creo en verdad que estamos frente a ese momento de supremo peligro que es, a la vez, aquel en el que crece lo que nos puede salvar, en el decir de Hölderlin.

No sabemos adónde nos llevarán los años decisivos que estamos viviendo, pero sí podemos afirmar que una concepción nueva de la vida está ya entre nosotros. En medio del caos, la pobreza y el desempleo todos nos estamos sintiendo hermanados quizá como nunca antes.

Martes

Me tranquilizó que hoy no hubiera nada previsto, ningún compromiso. Nada «agendado», como se dice ahora.

A las siete de la tarde nos fuimos tranquilamente al Círculo de Bellas Artes y nos sentamos en uno de los grandes sofás al fondo, a ese lugar que graciosamente llaman pecera, único sitio apartado y silencioso.

Desde los ventanales observo el tumulto de la ciudad. Las luces comienzan a encenderse y el tráfico de la Gran Vía me recuerda a nuestra Avenida Corrientes. ¿Y por qué habría de asombrarme? A fin de cuentas es como toda gran ciudad, con sus ruidos, su contaminación, su ritmo vertiginoso. Un marasmo de autobuses y peatones iluminados artificialmente por carteles publicitarios. Y los edificios que enorgullecen a la gente moderna, como si de la Babel se tratara.

La ciudad por la que siento nostalgia, la que ansiosamente deseo reencontrar, no es la que estoy viendo, áspera y prestigiosa ciudad europea con sus antiguos mármoles, sus fuentes y monumentos, el empedrado de sus plazas, su majestuoso Prado, sino aquella que conservo a salvo en los espacios de la memoria, una ciudad construida por aromas, sonidos, el declinar de una tarde, una esquina, una cena compartida. Por algo tan leve, pero de tanta gravedad, hecho de presencia y de espíritu. Sí, sobre todo de espíritu.

Y que convive, además, con el recuerdo de los grandes españoles, grandes en humanidad, en el pensamiento y en las artes, a los que tuve la fortuna de conocer en otras épocas. Como al entrañable Rafael Alberti durante su exilio. Y Amado Alonso, del tiempo en que yo frecuentaba el Instituto de Filología de

Buenos Aires, en la calle 25 de Mayo. Y Raimundo Lida. Y Alfonso Reyes, aunque fuera mexicano. Y tantos, tantos otros que han convertido a este pueblo y a esta ciudad en parte fundamental de mi vida y de mi destino.

Con nosotros vino Nicolás Musich porque una mano joven siempre ayuda, pero fundamentalmente porque quiero dejar un testimonio de estos años últimos y él es un excelente fotógrafo. —Lo conozco desde muy chico ya que es hijo de Elvira, y sé que puedo confiar plenamente en él—. Al rato llegó Fanny Rubio a saludarnos. Pedimos vino y nos alegramos por esta amistad de tantos años.

Conversación animada hasta la hora de comer.

Jueves

Me siento a escribir lo que me va saliendo, para asirme a algo, como uno pudiera tomarse de un tronco en la crecida de un gran río, o como si lo escrito pudieran ser mojones que me recordarán el camino cuando esté perdido; como frecuentemente me sucede en estos años cuando a cada paso enfrento un precipicio.

A ratos le voy dictando a Elvira, y entonces busco en algún fondo inhallable de mí, las escenas o los momentos que quiero contar. A veces aparecen borrosas, a veces se muestran y luego se van, es casi una cacería.

La vida me ha ido quitando posibilidades que antes fueron mías, y parece como si a cambio me estuviera dejando el escribir como un último don.

Cuando las pérdidas parecen cubrirme los ojos, escribir y pintar me renacen.

Escribir como lo último que me va quedando. También los afectos. Siempre.

Viernes

Vengo a España temiendo no encontrar a quien busco, tan cambiada la he visto que temo no reconocerla. Temo que vayan a traicionar a Quijote, así dados como están a «gratificarse» con cosas compradas, y a toda costa parecer ingleses o norteamericanos.

¡Por favor! ¿Qué quedaría de los iberos sin Quijote?

Lo advirtió León Felipe:

Ya no hay locos,
ya no hay locos en España
ya no hay locos.
Se murió aquel manchego,
aquel estrafalario fantasma del desierto.

Cuando uno no anhela combatir más contra los molinos, algo irremediable se apodera del alma del hombre.

Y no me refiero a las permanentes caídas, a la lucha contra el Mal en que se debate el ser humano. Contra la indiferencia, la desidia, el egoísmo, el odio.

Y de la cual vuelve a nacer quijotescamente creyente, a pesar de todo y contra todo.

Cuando Leonardo comienza a sentirse viejo, la muerte le preocupa y escribe con letra pequeñita en su anotador «no se debe desear lo imposible», lo que indudablemente es una triste réplica a la vastedad de sus ilimitados anhelos. Y sin embargo vuelve a entregarse a su obra. Y anota «ahora continuaré». El duro invierno de 1519 y el Destino habían decidido otra cosa. Pero él había esbozado sus sueños, sus alas; y el tiempo las desplegó.

La vida de todo ser humano oscila entre esa ilusión del ideal y la pesadumbre de lo fáctico, esa chatura que llamamos realidad. La existencia reducida a lo material cae en un fascismo opaco que aborta lo mejor de la existencia en aras de este absolutismo de la «realidad» que hoy adoramos, estúpidamente.

Recuerdo que en la facultad estudiábamos el «progreso» como el paso del mito al *logos*, del mito a la razón; y nos sentíamos unos genios por haber superado el oscurantismo antiguo y medieval.

Sin los mitos los hombres no soportarían la experiencia de lo contingente. Quedaríamos pulverizados si no tuviésemos un vínculo que entramara nuestra existencia. Sin narración es imposible vivir.

Cuanto más procuramos deshacernos de los mitos, más mitos aparecen. Estos mitos sustitutivos son antirreligiosos y pueden postular un mundo sin Dios, pero tienen una estructura claramente religiosa.

Nietzsche, el genial Nietzsche, el loco Nietzsche,

es quien mostró que el mero historicismo, la mera suma de datos, históricos o cotidianos, no alcanza para vivir, y muy al contrario nos paralizan.

Más tarde

Elvira me recuerda algo que escribí hace cincuenta años.

Cuando el hombre era una integridad y no este ser patéticamente escindido que nos ha proporcionado la mentalidad moderna, la poesía y el pensamiento constituían una sola manifestación del espíritu. Como afirmó Jaspers, desde la magia de las palabras rituales hasta la representación de los destinos humanos, desde las invocaciones a los dioses hasta las plegarias, la poesía impregnaba la expresión entera del ser humano. Y la primera filosofía, aquella primigenia indagación del cosmos desde las costas jónicas, no era sino una bella y honda expresión de la actividad poética. Pero en esta destructiva era de la des-mitificación (que torpemente se confunde con des-mistificación, como si mito y charlatanerismo fueran la misma cosa), se ha pretendido que el progreso está jalonado por el paulatino desalojo del pensamiento poético: freudianos, positivistas y buena parte de marxistas trataron de colonizar los nuevos territorios después de «sanear los pantanos de la inconsciencia».

Tenemos a la vista el fracaso.
Hace falta lo que Nietzsche llamó «atmósfera en-

volvente». Aquello que da encanto a la vida, que la enamora: ilusiones, pasiones, amor, relatos, furias quijotescas, imposibles búsquedas, inalcanzables deseos. Pueden no ser verdaderos pero se vuelven verdaderos en las vidas de quienes tienen el coraje de vivirlos. Paradójicamente, quienes encarnan estas irrealidades son vitalizados por ellas.

La vida debe ser sostenida y fecundada en la ilusión.

Lo que importa no es la «realidad estricta» que algo contenga, sino aquella altura a la que apunta.

Es gracias a ese imposible que nos elevamos por encima de todo lo posible. Es el entusiasmo el que nos mantiene vivos.

De paso me han dicho que entusiasmo quiere decir estar inspirados por los dioses. Algo que parecerá muy retrógrado a la feligresía del progreso.

Sábado, en el hotel Suecia

Quise quedarme en el hotel. Al contrario de lo que siempre me ha pasado, me gusta enormemente vivir en este hotel. Es nórdico pero en Madrid. Esta combinación suena bien, aunque creo que parte de mi gran pasar se lo debemos a Juan Pablo, y a los demás muchachos de la recepción. Y no es justo olvidar el excelentísimo salmón marinado, desde siempre una de mis comidas preferidas, pero acá, y a la sueca, me quita las ganas de salir.

En este viaje, Elvira ha traído mis pinceles, acrílicos, óleos, y cartones entelados. Para ella se trajo el mate. Un verdadero *atelier* tenemos en el sexto piso, con ventanales al Prado.

Seguí corrigiendo las conferencias.

Que estamos frente a la más grave encrucijada de la historia es un hecho tan evidente que hace prescindible toda constatación. Ya no se puede avanzar por el mismo camino.

Basta ver las noticias para advertir que es inadmisible abandonarse tranquilamente a la idea de que nuestro país —y el mundo— superará sin más la crisis que atraviesa.

Como dijo María Zambrano:

«Las crisis muestran las entrañas de la vida humana, el desamparo del hombre que se ha quedado sin asidero, sin punto de referencia de una vida que no fluye hacia meta alguna y que no encuentra justificación. Entonces, en medio de tanta desdicha, los que vivimos en crisis tengamos, tal vez, el privilegio de ver más claramente, como puesta al descubierto por sí misma y no por nosotros, por revelación y no por descubrimiento, la vida humana, nuestra vida. Es la experiencia peculiar de la crisis. Y como la historia parece decirnos que se han verificado varias, tendríamos que cada crisis histórica nos pone de manifiesto un conflicto esencial de la vida humana, un conflicto último, radical.»

Todo aquello que alguna vez fue motivo de comunión nos abandona, abriendo en nuestro espíritu la amarga sensación de un destierro. El sentimiento de orfandad comienza precisamente cuando los valores compartidos y sagrados ya no dispensan aquella sensación de estar reunidos en un mismo anhelo.

Como centinelas, cada hombre ha de permanecer en vela. Porque todo cambio exige creación, novedad respecto de lo que estamos viviendo, y la creación sólo surge en la libertad y está estrechamente ligada al sentido de la responsabilidad.

Éste es el poder que vence al miedo. Por eso, en los últimos meses, decenas de miles de hombres y mujeres, jóvenes y ancianos, madres con sus criaturas en brazos, han salido a nuestras calles a decir ¡Basta!

A pesar de las desilusiones y frustraciones acumuladas, no hay motivo para descreer del valor de estas grandes y graves gestas cotidianas.

Nuestra sociedad se ha visto hasta tal punto golpeada por la injusticia y el dolor; su espíritu ha sido corroído de tal manera por la impunidad que rodea los ámbitos del poder, que se vuelve casi imprescindible la transmisión de nuevos valores a las jóvenes generaciones.

¿Y cómo vamos a poder transmitir los grandes valores a nuestros hijos, si, en el grosero cambalache en que vivimos, ya no se distingue si alguien es reconocido por héroe o por criminal? Y no piensen que exagero. ¿Acaso no es un crimen que a millones de personas en la pobreza se les quite lo poco que les corresponde?

Visita al museo del Prado

Caminando despacio hemos ido hasta el correo de Cibeles.

Me detengo a mirar esa zona en que Madrid se en-

24

sancha, donde grandes y antiguos paseos trepan hacia la Puerta de Alcalá, por un lado, y por el otro, hacia la Puerta del Sol.

Pero prefiero la sombra, entonces apurados salimos de las avenidas y nos vamos lentamente bajo los árboles del Paseo del Prado hacia el museo.

Nunca miro más que a un pintor, lo contrario hasta me parece una falta de respeto. Esta vez sólo algún cuadro de Goya.

El Goya oscuro, el feroz, el desgarrador Goya me sigue deslumbrando. Y también El Bosco. Cuánta incomprensión habrán sufrido estos creadores geniales en su época. Uno, por advertir los monstruos terribles que ocultaba en su vientre la diosa razón, con sus toros y aquelarres. El otro, con sus seres híbridos y deformes, anunciando las desgracias de un mundo que se mueve compulsivamente tras la riqueza y los bajos placeres. Reyes a caballo junto a fieras mitad humanas, junto a minúsculas escenas de matanzas y sacrificios. Aquellos símbolos habrán sido considerados esquivos y desafiantes en su tiempo. Hoy se nos aparecen con toda lucidez, como trágico acabamiento de un modo de vivir y concebir la existencia.

Como autómata, como cuando de chico me levantaba sonámbulo, me dirijo hacia Goya.

Y elijo un cuadro, un solo cuadro y me detengo.

El pintor de los monstruos; el que pintó magistralmente con humo y sangre.

El dos de mayo. Lo miro de a poco, como si lo tanteara y me sumergiera en él.

Fue en 1814 cuando Goya en su taller pintaba la batalla. Sí, están ahí, son hombres fuertes peleando por su tierra; peleando por Madrid. Sé que la batalla, la gran guerra popular que se desató en Madrid, lo indignó. Que pintó y pintó durante tres años los «desastres de la guerra». Pero sé también que el caos, el derramamiento de sangre, la brutalidad del hombre, fue el tema que le sirvió a Goya para estremecernos con su pintura. Para llevarnos a esa verdad simbólica, inagotable.

Admiro los negros del carbón, del humo. Insuperables. Y los blancos.

Ya en esa época, después de su enfermedad y de su sordera, pintaba para sí mismo. Entre sufrimientos renació; abandonó los colores brillantes y fue añadiendo marrones, grandes masas de negro y sutiles pinceladas de rosa, de grises plateados para expresar la luz.

En Goya el soporte creo que no existe. De a poco, capa sobre capa, sumando pigmento más pigmento, seco sobre seco, una masa oscura carbón se ilumina. Sabiamente se hace sangre en el rojo pantalón del soldado abatido. Todas las miradas van al soldado que cae del caballo, al rojo sangre.

Los soldados están y nos muestran indudablemente cómo pelearon. ¡Cuántas muertes habrá costado esta batalla! Pero a la vez, los soldados son los negros que Goya necesita, los negros que ama. Así como el caballo que vemos en primer plano es el caballo del soldado abatido y es el blanco el que estremece a Goya.

Me acerco a los ocres que a mí me apasionan. Los ocres dorados de la ropa, iluminando sutilmente los pliegues, sobre las formas de los cuerpos. Los sables dibujan curvas de hombres que podrían ser animales.

Este grito en primer plano, atrás el silencio.

De pie frente al cuadro de pronto comprendo que estoy, en este mismo momento, por el misterio de lo imaginario, en mi propio taller sintiendo entre los dedos la ansiedad del pincel.

Vuelvo a mirar aquel rosa, ese muro callado. La diagonal perfecta que nos desliza y nos lleva hacia lo que Goya quiso que viéramos.

Al fondo, el cielo. La ciudad callada, las viejas cúpulas, tan quietas como un aire detenido.

Nos retiramos lentamente, por la calle del Prado, hacia la plaza Santa Ana.

Más tarde

Siempre que llego a España, lo primero es llamar a Félix.

Si escribo sobre la amistad, es en él en quien pienso, es él a quien estoy evocando.

Ellos son nuestra casa en Madrid, la casa con la que cuento, vaya o no, está allí en Alenza 8 dispuesta para mí.

Matilde y Paca fueron grandes amigas, de modo que juntos venimos andando desde hace medio siglo.

Félix Grande y Paca Aguirre son los dos grandes poetas, en la obra y en la vida. Son de esos amigos que cada vez que veo me dan una alegría que ellos no imaginan.

Fuimos a comer al restaurante Manolo, por la calle Jovellanos, a la vuelta del hotel. Paquita nos aconsejó las famosas croquetas del lugar, y yo enseguida, urgente, que me trajeran el vino.

Con la copa en la mano, los cuatro hablamos entusiasmados. Ellos no paran de insistirnos que nos casemos. Les digo que sería mi mayor alegría, que es ella quien desde hace años no lo ha aceptado. Por un instante creo que la convencerán. Elvirita calla. Como siempre, las veces que se lo he pedido.

Entonces, inevitablemente, pasamos a hablar de la Argentina, de la crisis enorme que vivimos, de la repercusión que nuestra situación está teniendo en España.

Al rato volvemos a hablar de nuestra propia vida, de nuestras angustias y ansiedades; la preocupación por el destino del mundo y los seres humanos. La conversación va trayendo la presencia de amigos comunes, hasta volver a derivar en temas más personales, momento en que los cuatro nos encorvamos hacia el centro de la mesa, como si estuviéramos conspirando. Quizá lo estábamos haciendo. O habrá sido un reflejo de un pasado común cuando vivíamos en peligro, ellos por los años que lucharon contra Franco, yo por mi militancia en el comunismo.

Lunes, por la noche

César Antonio Molina lleva meses hablando con Elvira para organizar los dos actos que el Círculo de

Bellas Artes me hará a partir de mañana. También Ana Gavín, sobre mis presentaciones en varias ciudades de España.

Este viaje, que tanto bien me está haciendo, empezó una tarde en las serranías de nuestra Córdoba cuando César Antonio nos llamó para preguntar si yo necesitaba algo, remedios, dinero, lo que fuese, ante la catástrofe en que había caído la Argentina. De modo que esta tarde, cuando lo vi entrar, me acerqué a recibirlo de la manera más expresiva, quería demostrarle mi gratitud y mi admiración.

Con él vino Ángel Llamas, vicerrector de la Universidad Carlos III donde mañana me darán el Honoris Causa.

Llamas me comentó que José Saramago ha viajado desde Nueva York para poder ser él quien proclame la *laudatio*. Un gesto que me muestra, una vez más, la grandeza de un hombre que sigue anteponiendo la amistad a los privilegios que le otorga el ser un Nobel.

Tanto como en Buenos Aires y en el resto del mundo, acá en Madrid han tenido mucha repercusión las declaraciones de José en defensa del pueblo palestino y en fuerte oposición a la política agresiva del gobierno israelí. La prensa ha reaccionado violentamente en su contra.

De ninguna manera comparto la opinión de estos críticos.

A lo largo de mi vida fui invariablemente estremecido por los padecimientos del pueblo judío que culminaron con el genocidio nazi. Por eso mismo, y aunque parezca paradójico, estoy con Saramago, tremendamente angustiado y dispuesto a luchar para que cese la masacre que se está haciendo al pueblo palestino, despojado de sus tierras seculares, acorralado, sumido en la miseria.

El pueblo judío dio gran parte de lo más alto y noble que haya producido el género humano, incluido el cristianismo. Pero, ¿podemos imaginar por un instante a un espíritu como Martin Buber o Simone Weil aprobando las acciones del Estado de Israel contra las indefensas poblaciones palestinas?

Al día siguiente

La Carlos III me recordó a mi gran Universidad de La Plata, por los valores éticos que fundamentan su educación, y por los valiosos profesores con que cuentan los muchachos.

Esta universidad no ha caído en esa pretensión de los albores de la modernidad cuando empezó a equipararse la luz al conocimiento. Olvidándose, o tratando de olvidar, que el conocimiento último y fundamental de los seres y de las cosas requiere un complejo proceso de búsqueda y descenso interior, marcado por la pasión y el deseo, los extravíos y los caminos duramente recobrados; el peligro, la ansiedad, las terribles desdichas, y también, la añorada comunión que por instantes nos recupera de tanta soledad vivida, o presentida. Claro que hablo de una educación que no esté reducida a la adquisición de saberes técnicos o informáticos, útiles para los negocios pero carente de la sabiduría que todos los hombres necesitan, sean médicos o abogados, científicos o artistas. Porque el corazón del hombre es el mismo en todos; y todos enfrentaremos, algún día, el mismo dolor y la misma incertidumbre ante la muerte.

La ceremonia fue solemne y medieval, con sus togas, su coro, su himno; estas ceremonias que en Europa acompañan la vida académica, tan diferente de nuestra América, donde los claustros fueron siempre austeros, y ahora son pobres a un extremo que avergüenzan.

En el salón del rectorado nos esperaban José y Pilar. También estaban las autoridades de la universidad, el rector Peces Barba, Ángel Llamas, algunos decanos y profesores.

Las palabras que José pronunció me quebraron de emoción y las he vuelto a escuchar más de una tarde cuando el descreimiento y la vejez horadan mi alma.

Al finalizar, saltando las exigencias protocolares y tal como Elvira lo había convenido con José, casi inválido por el peso de la emoción, me subí al estrado para estrecharlo en un abrazo. Más que abrazarlo, caí en sus brazos; fue un momento sagrado, eterno en la vida. Quedó grabada nuestra hermandad, nuestro compromiso común ante los avatares del mundo, y esa alegría simple de camaradas que han vivido luchando siempre en el mismo bando.

Un público ferviente nos aplaudió durante largo rato.

Luego, sostenido literalmente por Elvirita y por José, el rector me colocó la medalla Honoris Causa.

Dije unas pocas palabras de agradecimiento a la universidad, a su rector, un ser excepcional, a Ángel Llamas y a José. También expuse mi posición compartida sobre el problema palestino-israelí.

Peces Barba cerró el acto, refiriéndose a mí y subrayando la autonomía de la universidad. Él nos acompañó personalmente hasta la salida, y nos repitió que éste había sido el acto más emotivo en los años que lleva como rector. Para mí fue un gran honor ya que guardo por la Carlos III una profunda admiración.

Tengo sobre mi escritorio, ahora que ya ha transcurrido un año desde aquella mañana, una foto excelente que nos sacó Nicolás cuando José y yo mirábamos juntos hacia afuera, desde un ventanal. Una imagen que miro a diario.

En el hotel

Me levanté temprano. Pletórico. Entusiasmado, me puse a pintar.

Al rato llegó César Antonio. Me trajo una carpeta que muestra la repercusión que tuvieron los actos de ayer en la prensa. Están anunciadas, también, las conferencias que daré en los próximos días en distintas ciudades de España.

En *El País* veo la fotografía que tomaron del

abrazo con Saramago en la universidad. La imagen registra ese momento de mutua admiración y respeto. Noto el peso de la emoción que me doblegaba y me imagino como un peregrino que luego de haber pasado la vida recorriendo ciudades, habiendo frecuentado hombres y teorías, ya hacia el final de su largo y vertiginoso camino, visiblemente envejecido y cansado, logra por fin descansar sobre los anchos hombros de su compañero de ruta. Como en una fortaleza.

Jueves, en el café de la vuelta

Ayer por la tarde, después de volver a corregir una de las conferencias, caminamos unas cuadras y ya con frío entramos a un bar del viejo Madrid. No más pasar la puerta me ensordece el alegre griterío, el humo y las risas que rebalsan el local; con dificultad avanzo hasta sentarnos contra una pared como para tener donde atrincherarme. Es un café típico, quiero decir típico de antes, de cuando lo moderno aún no había hecho estragos en España.

Éste es un reducto anticuado, con mesas de madera y sillas tipo Viena, percheros de hierro y lámparas que parecen de opalina. A un lado, la barra repleta de parroquianos que vociferan a los gritos sus preferencias en el futbol.

Después de una breve pero ardua lucha con mi carácter molesto, impaciente, nervioso, intolerante, rescaté mi lado observador y me dispuse a gozar de los madrileños en su caldo. Lo primero que sorprende es ver en las mesas a familias enteras, algo impensable en Buenos Aires. Hay abuelos, hijos jóvenes, nietos, sin problemas generacionales ni historias. Todos hablan a la vez y a los gritos.

Los miro y más me doy cuenta de que están todos de fiesta, que la vida es para ellos una fiesta, podrían decirme: «vea tío, mejore la cara, pues, aquí se viene a celebrar». Y me río al pensarlo, tan distintos de mí, ¡tan distintos de mi educación severa! ¿Quién de nosotros se hubiera atrevido a hablar y reír sin reparos delante de nuestro padre?

Hay marcas que son estigmas. Durante mi infancia era sonámbulo y tenía permanentes pesadillas; con los años, con vergüenza y dolor, reconocí que la pesadilla consistía en verme sentado, a solas, con mi padre. ¿Quién hubiera osado reírse de él, o tocarle un papel, o aunque más no fuera a hacerle una pregunta personal? Así me crié hace muchos años.

Volví a mirarlos a ellos, a estos madrileños que gritan y se ríen, como corresponde al auténtico sentido de fiesta, todos juntos, nadie se molesta, podría decirse que todos son un mismísimo ruido.

Miro cómo se tocan, se gritan, se abrazan. Y pienso si esta manera de ser celebratoria, festiva, no es una de las tantísimas riquezas que España debe a los musulmanes, quienes no tienen una experiencia cerrada de «lo privado», bien separada de «lo público», como nosotros, occidentales. (Por eso en España son tan distintos los andaluces, los vascos, los catalanes.)

Los miro con envidia de la buena. El sentido crítico, el miedo al ridículo, al papelón, me ha privado desde siempre de esta natural cofradía familiar, amistosa. De una experiencia así, tan valiosa. Por un momento pienso si no podría pedirles a alguno de ellos que nos inviten a su mesa; y es seguro que lo harían.

Finalmente me puse a escuchar lo que se decían unos a otros que, como dije, es cosa por lo demás accesible, más bien lo difícil es evitar oírlos. De inmediato comprobé que los madrileños en las mesas no discuten «ideas» en el sentido serio, grave de la palabra, la de ellos no es una reunión en torno al «ágora», esa pretensión tan porteña, sino en torno a lo bueno de cada día. No para discutir o arreglar el mundo, sino para hablar de ellos, de la gente, de sus cosas cotidianas.

Después

A la noche un amigo español me dice, con sonriente ironía, que esta costumbre de frecuentar los bares y expandirse allí, convirtiéndolos en lo que antes fueron las plazas de los pueblos, los ha salvado de frecuentar psicólogos para tener a quien contar lo que nos pasa, como sucede en la Argentina. Lo corrijo, le digo que eso no pasa en la Argentina sino en Buenos Aires, a los porteños.

Siempre he dicho que en Buenos Aires el psicoanálisis fue plaga. No tengo por qué ocultarlo porque en todos mis libros, desde hace cincuenta años, vengo despotricando tanto contra el racionalismo como contra el psicoanálisis.

No existe en España esa exacerbación de pensar sobre sí mismos como país que tenemos los porteños, ni tampoco están inclinados a hablar de modo permanente de los grandes problemas existenciales, como nosotros. Claro, ellos pertenecen milenariamente a esa tierra, a ese idioma, por los siglos han tenido las mismas tradiciones, hasta la misma nobleza.

En nuestra tierra se masacró a los habitantes originarios, lo que de por sí es trágico; gran cantidad de su población vino de afuera, y hacia afuera sostuvieron su mirada hasta su muerte.

Buenos Aires es la ciudad gallega más grande del mundo, la ciudad italiana más grande del mundo, hay más pizzerías que en Nápoles y Roma juntas. Y un dato muy a tener en cuenta en este tema, Buenos Aires tiene la segunda población judía más grande del mundo.

Algo así puede ser, pero hay algo más que quiero anotar. Nuestras conversaciones en los bares son profundamente cercanas a las que encontramos en la literatura rusa, aquel modo de hablar que los escritores rusos llamaron «filosofar» y que abunda en los personajes de sus obras. He escrito mi impresión sobre el gran parecido entre el pueblo ruso y el argentino, al menos en el pasado.

Los rusos tenían a mediados del siglo XIX problemas muy parecidos a los nuestros, y por causas sociales muy semejantes. Uno de esos problemas fue el de la llamada «literatura nacional» y la lucha entre los occidentalistas y los eslavófilos. Perteneciente Rusia a la periferia de Europa, con rasgos de sociedad y mentalidad feudales, siempre mostró cierta similitud con España (país que tampoco tuvo en forma cabal el fenómeno renacentista). No es simple casualidad que el mejor *Quijote* se haya filmado en Rusia, esa tierra de desmesura y sinrazón. Ese parentesco se acentuó en algunos países coloniales de España, sobre todo en la vieja Argentina de las grandes llanuras. Hasta el punto que una novela como *Ana Karenina*, con sus criadores de toros de raza y sus gobernantas francesas, con sus estancias y sus burócratas, con sus señores patriarcales y sus generales, podría entenderse perfectamente en la Argentina.

Si en lugar de té Oblomov toma mate, puede pasar aceptablemente por cierto género de argentino de esa época.

La desorganización, el sentido del tiempo precapitalista, la desmesura, la pampa y la estepa, la vida patriarcal de nuestras viejas familias, la educación europea y afrancesada, el desdén y al mismo tiempo el orgullo por lo nacional, el parecido entre los eslavófilos y los hispanizantes, el parecido entre nuestros doctores liberales y los intelectuales rusos que también leían a Fourier, el movimiento político y revolucionario entre los estudiantes y obreros, el anarquismo y el socialismo. Motivos por los cuales yo podía sentir las *Memorias del subsuelo* mucho mejor que aquel conocido profesor francés de la Sorbona, al que yo escuchaba, para el cual los personajes de Dostoievski eran nuevos ricos de la conciencia, individuos poco menos que dementes, bárbaros, incapaces de apreciar las ideas claras y netas, tan disparatados e irresponsables como para afirmar que dos más dos puede ser igual a cinco, contra todas las tradiciones de los cartesianos y de los ahorristas franceses. ¿Y cómo aquellos bárbaros moscovitas podían no admirar la refinada cultura de los occidentales, sus toros escoceses, las novelas francesas, la filosofía alemana, los balnearios de Baden Baden, las playas europeas y sus casinos? Y así, por los mismos motivos que nosotros, se hicieron *europeístas*, rasgo tan típicamente eslavo o rioplatense como el vodka o el mate. Los europeos no son europeístas, son simplemente europeos.

Domingo

Elvira ha ido a misa y yo me he quedado acá, con el papel en blanco sin saber qué hacer. A su lado he compartido ceremonias religiosas y su diaria lectura de la Biblia; es un bien inigualable, no requiere ninguna comprobación. Por ratos, la fe de Elvirita me viene a mí como si me perteneciera, luego se va.

Le pregunté cómo podía hacer. Me dijo el mar, como dejarse tomar por el mar.

Yo he sido desconfiado y terco, con tanto pudor frente a estas cosas como incredulidad.

Antes nunca hubiera podido dejarme tomar por nadie, ahora estoy necesitado de otros que me ayuden, hasta para caminar.

Con los años uno pierde pie.

Jueves, por la mañana

Hernández León me entregó ayer la Medalla de Oro del Círculo de Bellas Artes. También estaba César Antonio Molina, a un paso, como cuidándome.

El enorme público que colmaba el salón aplaudió con fervor durante mucho tiempo. Seguramente muchos de ellos son argentinos exiliados.

Entre las primeras filas noté la presencia de entrañables amigos, cuyos rostros me traían la memoria de otros rostros, lejanos y queridos en el recuerdo. Hecho curioso que ahora, intentando comprender su sentido, me digo que el corazón del hombre es así, que rige en él una manera de desplazamiento y condensación como en los sueños. Y la visión de un solo ser puede traer la presencia de otro, por remotos y desconocidos que sean entre sí, unidos misteriosamente por tramas de amor, amistad, rebeldía, de abismos de desesperanza y de dolor. Hasta de la más honda ternura.

En el homenaje hablaron Rafael Argullol, Pere Gimferrer, Fanny Rubio y Félix Grande. Las generosas palabras que dijeron se filtraron como un torrente entre las capas de mi ser. Confluyeron tantos años de búsqueda, de peligro, de adversidad, de ataques, de luchas desproporcionadas.

Salí apretujado entre la gente que luchaba por acercarse a mí, a saludarme, a darme un beso. Me agradecen, me bendicen. Un sentimiento que enseguida me sobrepasa, mostrándome lo inmerecido que nos es el amor.

Al finalizar hubo un agasajo en el tercer piso donde nos distendimos compartiendo anécdotas, abrazos y vinos.

Pude conversar con Argullol a quien había sentido de mi raza cuando leí su admirable *Lampedusa*, sus relatos, ese cuento magnífico del Juicio Final. También por su comprensión del romanticismo, y esa actitud quijotesca ante la vida que parecíamos compartir todos en la tarde de ayer. Me entregó un libro dedicado que guardo cuidadosamente. Dice en su dedicatoria: «por las horas de belleza y de verdad...».

Estuve con el legendario y valioso Pere que ha apoyado mi obra desde que yo era muy poco conocido y con el noble José Luis Sampedro. Nada puedo decir de las palabras de Félix, sólo que he llorado de gratitud cuando las volví a escuchar. Y lo suelo hacer en las tardes de desánimo y tristeza.

Y una de las gratas sorpresas fue la inesperada presencia de Silvio Rodríguez. Unos minutos antes que empezara el acto, había pasado por el hotel para darme su abrazo. Llegó acompañado de Niurka. En las breves ocasiones en que nos hemos visto, fácilmente se dio un clima muy cordial y compartido. Ojalá, algún día pueda concretar la invitación que tantas veces me ha hecho Silvio para visitar Cuba.

Conversé largamente con Núria Espert que forma hoy parte de nuestra Fundación, con Lola Díaz y con Baltasar Garzón, que estaba sentado a nuestro lado.

Cuando llegamos al hotel estaba tan agradecido por lo que me ha colmado la vida que no podía ir a dormir.

Hablé por teléfono a Buenos Aires, largamente con Gladys para contarle la emoción de estos días.

También intentamos dar con Lidia. Hubiera querido hablar con ella, pero el teléfono daba siempre ocupado. En estos días la volveré a llamar, desde que murió Jorgito siempre he tratado de apoyar a ella y a sus hijas.

Jueves

Claudio Magris dijo unas palabras introductorias a mi conferencia de la tarde. El suyo fue un discurso de una sensibilidad y de un conocimiento sobre mi obra que me honra. Conocía desde hacía tiempo su notable calidad como ensayista y escritor, pero en el encuentro que tuvimos antes del acto, pude descubrir a un hombre de una modestia y una generosidad poco frecuente entre los intelectuales. Sólo así pude comprender que este gran hombre, que este magnífico escritor de expresión sincera y sonrisa amable, dejara en Trieste a su familia y a sus amigos que lo aguardaban para festejar su cumpleaños, por compartir conmigo la noche de ayer.

Entonces quise decirle lo que sentía, darle las gracias por su obra, y por su generosidad, pero apenas pude balbucear algunas palabras.

Luego leí la conferencia prevista, «Un horizonte ante el abismo».

Si alguna vez publico este cuaderno de notas, incluiré sus palabras, y las que se dijeron en el homenaje del día anterior y en la universidad, como símbolo de mi gratitud a quienes han dado a mi vida un aliento que cuidaré mientras viva.

Al cabo de unos meses Claudio vino a visitarme a Santos Lugares. Aunque yo ese día estaba con un dolor de muelas que no sabía cómo disimular, su presencia fue muy grata para mí. Sus cartas.

Elvira, que me ha leído parte de su obra, también me hizo conocer un hermoso libro de Marisa, que él le había enviado, ya que sucede en Cherso, esa isla del Adriático.

En un café del Paseo de la Castellana

Estoy en verdad más joven que hace años; si uno no registrara las fechas ni contabilizara los días y los meses, nuestra vida pasaría por épocas de envejecimiento y momentos de increíble lozanía. Nuestra edad no seguiría una línea progresiva sino que oscilaría como los vientos y las estaciones.

Hace tiempo que estaba encerrado en casa, y hasta días antes estuve ensayando una excusa para suspender el viaje. Y en cambio, qué bien me ha hecho. Ha sido inmenso comprobar que mi obra merece palabras de admiración de grandes escritores, y que ayuda a la gente a vivir.

Me posee una alegría de joven, ganas de ponerme a escribir, a pintar.

Hemos pasado hablando largamente de Matilde, de aquellas épocas inciertas en las que mantuvo una confianza plena en mí, a pesar de todos los obstáculos.

Jueves 11 de abril

Esta mañana fuimos a la librería Pasajes, en la calle Génova, a pocos metros de la plaza Alonso Martínez, un barrio que yo solía recorrer hace años cuando caminaba incansablemente por los lugares que me atraían, o que me rechazaban.

En las vidrieras habían puesto mi obra en un gesto de Christiane y Alejandro, como otros tantos de afecto que han tenido con nosotros a través de los años.

Nuestra entrada fue celebrada por los que trabajan en la librería. Rápido debo decir que llevo tiempo añorando ser autor de Trotta, y no moriré sin cumplir con este deseo que comparto con Alejandro, y que soporto con dolor cada vez que tengo en las manos un libro de su fondo editorial.

La disposición de los libros, la calidad de los títulos y de las ediciones, demuestra profundo amor por la literatura y así lo siente quien entra por primera vez a esta pequeña y cálida librería.

Durante el almuerzo conversamos acerca del esfuerzo con que enfrentan las pequeñas editoriales la competencia de los grandes grupos. La filosofía mercantilista que desde hace mucho tiempo viene rigiendo la cultura ha convertido a las grandes casas editoras en expendedoras de *best-sellers* previsibles, prefabricados sobre un riguroso estudio de mercado. Para ello se cuenta con estrategias que van desde los más sutiles recursos publicitarios al arancelamiento de críticos especializados, encargados de convencer a los lectores de que el libro que ellos están deseando es aquel que hallarán en el sector de «Novedades», y que en rigor debería llamarse «Fugacidades», porque no suele ser otro el destino de esa clase de literatura.

En medio de estos avatares, quedan relegados al olvido quién sabe qué cantidad de talentosos escritores que no pueden asegurarle al editor un puesto entre los más vendidos.

Cada vez son menos quienes se arriesgan por la verdadera literatura, por eso me gusta tanto encontrarme con los Sierra; en ellos me conmueve el esfuerzo que hacen por sostener un espacio en la literatura y en el pensamiento. Tengo un reconocimiento real por esas pequeñas editoriales, y una verdadera nostalgia por las modestas librerías que eran atendidas por hombres enamorados de su oficio, y que en otro tiempo supe frecuentar en mis años de lector ansioso.

Sí, siento nostalgia cuando me recuerdo urgando aquellos viejos estantes como quien busca un exótico tesoro. Aquella necesidad, casi física, por acariciar los lomos de los libros, por oler sus páginas impresas; como si en ese acto estuviese implícito un primer acercamiento, un olfato, como aquel con que los hombres de campo valuaban sus caballos. Y luego, la urgencia por hallarnos a solas con el libro, en silencio frente a la página, inermes ante una obra que podía modificar sustancialmente el curso de nuestra vida. Todo aquello formaba parte de un rito que se ha vuelto inusual en nuestro tiempo.

Una gran obra nace de una soledad desgarradora, y lo que pide es ser recibida por una soledad semejante que la acoja. Responsables de este embrutecimiento son el vértigo en que vivimos, que nos ha embotado la sensibilidad, y una filosofía general de la existencia que ha reducido al libro, y a todo lo existente, a la categoría de mercancía.

No pretendo caer en la insolente omisión de ignorar que mis novelas y mis ensayos llevan años gozando de los cuidados y beneficios de las más grandes editoriales del mundo. Ellas han hecho posible que mi obra sea traducida a más de treinta lenguas, y cualquier lector interesado puede acercarse a mis libros en las diversas ediciones que existen. Pero así puestas las cosas, creo que quienes tienen a su cargo las políticas y las legislaciones culturales deberían hallar el modo para que las pequeñas librerías y casas editoras no sean arrasadas por la impresionante expansión que en este tiempo han gozado los grandes grupos. Que no acaben siendo una de las tantas especies que agonizan.

Estuve a punto de tirar esto, presupongo que se leerá en algún momento del futuro.

Cuando pienso que sí, tacho.

O la interrumpo a Elvira que me lee: suprimí. Suprimir casi todo.

Pero luego sigo queriendo escribir como si fuese un anhelo que se impone, lenta pero seguramente sobre mi espíritu crítico y mi tendencia a la destrucción, ese otro lado inevitable, e imprescindible al acto creador.

Otro día

Los inmigrantes ahora en Europa, los que se ven por las calles, no van detrás de ideas o aventuras, simplemente detrás del pan, de la comida. Buscando cómo alejar la muerte. Son masas que emigran de un lado a otro.

El dolor ante las pateras que se hunden con niños...

Por la tarde

Caos en el hotel, en los pasillos, en el cuarto. Caos en todas partes están provocando nuestros preparativos para el viaje de mañana a la ciudad de Oviedo. Hay que trasladar al depósito del hotel todas las cosas que no llevemos. Elvira, siempre atenta, a mis urgencias, deseos y necesidades, parece no dar abasto. Y Diego que ha ido al Círculo de Bellas Artes a buscar quien le preste una computadora para pasar las correcciones, tachaduras y supresiones que, en mi obsesión, acabo de hacer sobre el discurso que leeré mañana. Y el camarero que me sube a la habitación el té que he pedido para aplacar mis nervios.

Por la noche fuimos a casa de Eduardo y Maritchu Aute. Ni bien entré me regalaron un valioso cuadro, con su manera sencilla y humana.

Estuvimos con ellos, sus hijos, con Félix, Paquita, Guadalupe, Nicolás, Diego y José. Una noche cálida, Félix nos recordó conmovedoras anécdotas de muchacho gitano y aventurero. Y, cuando parecía no haber más espacio para emociones, nos sorprendió con una última alegría Eduardo con su guitarra. Escuchamos aquellas canciones que hablaban de pasiones profundas, de albas que anuncian noches terribles, y de la belleza erradicada de un mundo deshumanizado. ¿No decía Camus que aquellos que hoy luchan por la libertad vienen a combatir en última instancia por la belleza?

Viernes 12

Salimos en auto para Oviedo. Después de unas horas el camino me sorprendió con una España que desconocía. Las altas cumbres infunden un sentimiento del que hablaré luego.

Estaban nevadas. Elvira insistió en bajar y yo, que soy muy poco dado a los placeres de la naturaleza, puse sin embargo mis manos en la nieve, ¡cuántos años hacía! Creo que desde la época en que me fui a escribir el «Informe sobre ciegos» a los glaciares patagónicos.

Apoyado contra una roca contemplé melancólicamente aquella majestuosa muralla a cuyas espaldas se oculta el mar. Las densas nubes que chocan en ella, transformadas en abundantes lluvias, han dado a esta región la particularidad de sus suelos fértiles y la espesura de sus bosques.

Su atormentada geografía conserva los ecos de los terribles combates con que resistieron las invasiones de romanos, visigodos y musulmanes. Pueblos de una raza valerosa, de formidable vitalidad que junto a nobles atributos humanos han realizado obras en el campo de las artes, de la arquitectura. Quizá porque lejana y oscuramente he vivido enraizado al destino de mis antepasados albaneses, aún hoy siento con orgullo la herencia de la sangre guerrera.

En la recepción del hotel nos esperaba la vicerrectora y José Juan Fernández Reguera, amigo de tantos años. Enseguida se improvisó una rápida ceremonia de fotos, firmas y abrazos que demoró unos minutos, pero que a mí, agotado por el viaje, me parecieron eternos.

La conferencia la di en el paraninfo de la Universidad de Oviedo.

Esta vez no me referí tanto a la situación del mundo sino a mi camino como escritor. Creo que la gente se emocionó, aunque no se me oía bien ya que afuera había una manifestación contra la globalización en la que me hubiera gustado participar.

Durante la comida, conversación importante con Núñez y con Fernández Vallina.

Sábado

La Editorial Losada ofreció un almuerzo en mi honor. Fue algo muy emocionante ver a una editorial nuestra instalada ahora en España, aunque también estaba apenado al comprobar cómo se van de la Argentina pedazos de gran valor como Losada, orgullo de la lengua castellana. Pero José Juan es un luchador y sé que hará lo imposible por permanecer también en Buenos Aires.

En la larga mesa reconocí a quienes habían estado anoche con nosotros, al Presidente del Principado, a José Vaquero Tresguerres, y a Pedro de Silva Cienfuegos, un escritor con el que solidaricé rápido ya que era el único que estaba de *sweater* como yo. Es innecesario decir que José Juan hizo preparar para nosotros una magnífica comida, durante la cual, él y varios de los presentes hablaron sobre mí, mientras yo quedaba ensimismado pensando en los hombres que hicieron Losada y con quienes compartí, a lo largo de años en las viejas confiterías de Buenos Aires, tantas conversaciones y cafés: Henríquez Ureña, Francisco Romero, Amado Alonso, Rafael Alberti, Gómez de la Serna, García Lorca, Neruda, Roa Bastos, Girondo, Guillén, Olga Orozco, Estrella Gutiérrez; ellos y otros que supo reunir Gonzalo Losada para constituir una de las más grandes editoriales de la lengua.

Más tarde salimos; hacía mucho frio. Yo me cubrí con el poncho de vicuña que fue del padre de Elvirita, el doctor Marcial González.

Y enseguida entramos en la Abadía de las Monjas Benedictinas.

Quedé enmudecido por el silencio, la altura de la nave, la gente rezando. En las paredes de piedra, tallas antiguas recuerdan aquellos hechos que la fe ha consagrado en el alma de los seres humanos durante milenios, otorgándoles sentido a la vida y a la muerte, solemnizando los grandes acontecimientos de la existencia y dándoles coraje ante el infortunio. Lo sedimentado a través de los siglos parece proporcional a la belleza de sus piedras desgastadas.

Quedo como siempre impresionado por la fe, esa locura de la que hablaba Pascal; algunas personas están rezando; ¿por qué?, ¿a quién? Y algo más profundo y misterioso que el razonar de mi inteligencia se me impone lenta, pero hondamente hasta dejarme con el alma embargada por el atisbo de lo desconocido.

He tenido una formación rabiosamente anticlerical, y quizá atea, aunque ¿qué sabe uno lo que es ser creyente o ateo? Entonces correspondíamos, Matilde y yo, a lo que se llamaba ser un «librepensador». Así se definía mi padre, y así fui educado, y así educamos a nuestros hijos. Pero siempre estuve atraído por lo sobrenatural y he leído lo inimaginable sobre el mundo esotérico.

En otras épocas me costaba creer que un Dios bondadoso presidiera este mundo injusto y cruel, y en cambio sí creía en la aplastante presencia del Mal, al extremo que me hice exorcizar dos veces.

Pero ahora, cuando tanta vida ha pasado, tanto amor de la gente, tantas culpas, disgustos, violencias, tanto desconocimiento y estupidez, ya el ateísmo se me desmorona frente a estas pocas personas sentadas o arrodilladas, que silenciosamente abren su miseria humana ante el abismo.

Estoy mareado, y quedo por un rato sentado en un banco. Toda aquella virulencia, aquellos tiempos de arrogante fuerza y juventud se han apaciguado y un sentimiento más antiguo, y probablemente originado por mis años, me silencia ante este misterio.

Esas narraciones religiosas, que por milenios repararon el alma, cifras de sentido, o dudas alzadas en el interior del templo. Las oraciones, esa locura de creerse escuchados.

A la noche

Asturias tuvo un gran movimiento revolucionario, con los obreros en armas. Anarquistas de Gijón, mineros socialistas, comunistas, se lanzaron a la insurrección. El centro del movimiento fueron las minas de Mieres. Los cuarteles de la fuerza pública cayeron en poder de los revolucionarios y más tarde las fábricas de armas de Trubia y la Vega. Oviedo fue tomada por ocho mil mineros.

Resistieron el bombardeo de la aviación. Durante nueve días, la ciudad y la región vivieron bajo una estricta organización revolucionaria, militar y económica. Pero pronto se encontraron aisladas. El ejército y la guardia civil los sitiaron. Los revolucionarios tuvieron que dispersarse por aldeas y montañas.

Jefes, militantes y mujeres cubrieron la retirada con heroísmo desesperado. El acontecimiento había durado quince días.

Pensativamente miro edificios y algunas iglesias, según José Juan las más antiguas de toda la Península, y otros sitios históricos cuyos nombres no retengo. Por su arquitectura Oviedo parece centroeuropea. Como tantas ciudades, debió ser restaurada casi en su totalidad al sufrir directamente las consecuencias de la Guerra Civil española. Registros de aquella época cuentan que sólo catorce edificios lograron sobrevivir intactos a los asedios. Ahora, entre las antiguas construcciones se levantan las creaciones de la arquitectura moderna, a veces audaces y hermosas, otras veces abstractas, indiferentes y neutras. Lo que prueba, como tantas veces he dicho, que es una absurda pretensión exigirle pureza al arte. Las grandes creaciones han estado generalmente signadas por la guerra y la conquista, por el comercio y la emigración, o, en fin, por la llegada de una religión prestigiosa a un territorio nuevo. Ni siquiera los olímpicos dioses griegos, que algunos suponen el paradigma de la pureza racial y cultural, estaban exentos de las «contaminaciones» que les llegaban desde las religiones orientales y egipcias.

¿Quién iba a imaginar que del contacto de aquellas tribus bárbaras que bajaban de los bosques y pantanos del nordeste europeo con la refinada cultura romana iba a salir el estilo gótico?

José Juan ha notado lo cansado que estoy; nos ofrece llevarnos en su auto hasta uno de esos tradicionales caseríos con viviendas bajas y techos de tejas rojas. Su belleza es grande a los ojos de mis años.

Meses después, al revisar esta parte del viaje que transcurrió en Asturias, me surgió la necesidad de expresar mi gratitud por Indalecio González Heros. Asturiano excepcional que tuvo la generosidad de colaborar con buena parte de sus ahorros en la Fundación que lleva mi nombre. Guardo en mi escritorio la carta que nos envió en la que nos cuenta cómo vino a la Argentina solo y sin un peso, por los años cuarenta; cómo en este país conoció a su queridísima esposa y pudo labrarse un futuro. Ella trabajaba como enfermera en el Hospital de Niños.

Ya mayores volvieron a Gijón. Cuando su esposa estaba grave supo de la situación desesperante en que habían caído nuestros chicos, y entonces, entre los dos se prometieron entregar lo que pudieran para aliviar la desnutrición y el abandono de los chicos. Lo han hecho con creces. En gratitud hemos colocado el nombre de la esposa, Otilia Azucena Taboada, a las salitas de primeros auxilios de nuestros fogones.

Domingo

Antes de emprender el regreso paramos en la estatua del inmigrante. Representa un hombre pobre de los de antes, con traje y sombrero sosteniendo una valija como si se agarrara de ella.

A la sombra de este gran monumento, he meditado en el destino de decenas de miles de seres humanos que, en los numerosos horrores que pueblan la historia, han debido abandonar su cielo y su tierra en busca de un lugar que los acoja.

El exilio es, sin duda, una de esas experiencias que marcan el espíritu de los hombres, aunque por ello mismo pueda convertirse en fuente de lo más grande que puede alcanzar un corazón humano. Para muchos, ha tenido consecuencias devastadoras. Todo cielo, cuando no es el nuestro, ahonda el sentimiento de desamparo. Y se requiere de un coraje inusual, de una decisión heroica, para ir hallando, a ciegas y sin horizonte, la revelación del propio destino.

Zambrano refiere de modo extraordinario ese desgarro al que se enfrentaron quienes, como ella, han debido rehacer su vida en medio de una geografía inhóspita:

> Eso es el destierro, una cuesta aunque sea en un desierto. Esa cuesta que sube siempre y, por ancho

que sea el espacio a la vista, es siempre estrecha. Y hay que mirar, claro, a todas partes, atender a todo como un centinela en el último confín de la tierra conocida. Pero hay que tener el corazón en lo alto, hay que izarlo para que no se hunda, para que no se nos vaya. Y para no ir uno, uno mismo haciéndose pedazos.

Amparadas en algún rincón de la memoria, quedarían las últimas imágenes, los aromas definitivos, las costumbres y tradiciones que aquellos inmigrantes trataban de mantener vivos, y que les servirían de mediadoras ante esa inmensidad, que se les aparecía desconocida y aterradora.

Contemplando una vez más este paisaje comprendo la desazón que, indefectiblemente, debieron de sentir aquellos asturianos que llegaron a nuestras pampas, infinitas y desiertas. Muchos, con los años, seguirían hablando con nostalgia de su infancia en estos valles. Y no sólo los asturianos. También los vascos y gallegos que llegaron a la Argentina.

En aquellas romerías de mi infancia, en mi pueblo pampeano, los he visto tantas veces cantando y bailando su misma añoranza. Aún hoy me parece estar escuchando sus canciones y sus gaitas. Los veo sentados en los patios de tierra apisonada que antes solían tener nuestras casas, silenciosos y pensativos, mirando hacia aquella región del mundo donde quedaban para siempre sus montañas. Cuánta tristeza, cuánta desolación en quienes se vieron empujados, unas veces por el hambre, otras por las persecuciones políticas, las injusticias y las guerras.

Ahora continentes enteros, enfermos de sed y de hambre, buscan un lugar donde sobrevivir, como sea, de cualquier manera.

Otro día

En Madrid fui a la presentación de un libro de Ludovica Squirru.

Al principio había desistido debido al agotamiento acumulado por todas las actividades del día, y llegué a citar a una periodista en el Círculo para justificar mi ausencia. Pero después fui y dije las palabras que tenía previstas. No podía hacerle eso a Ludovica que ha sido muy generosa conmigo. Ella es hija de una vieja familia argentina, de nuestra antigua aristocracia, que yo frecuentaba hace años, Marilú y Beba Dari Larguía.

Pensando en ellas recordé a mi madre, a mis maestras, y a todas aquellas mujeres de antes, de las que ya no las hay. Por su delicadeza, por su silencio, por su belleza, romántica e inasible, frágil, pudorosa, ¡qué nostalgia de esas mujeres han de tener los hombres! Sí, sé que se enojarán las mujeres porque verán en lo que digo una actitud machista, queriendo decir algo que las perjudica, desvalorizando su capacidad y las oportunidades a las que tienen derecho. No sé, quizá tengan razón, pero creo que no, lo digo con amor hacia ellas.

Es verdad que aquella actitud implicaba un sacrificio, de abnegación, de falta de libertad, especialmente en las mujeres pobres. Pero que sin duda alguna, han dado a la humanidad algunos de los testimonios que más profundamente alimentaron el corazón del hombre.

Sábado

Hoy por la mañana me quedé hablando largamente con Diego Curatella. Él trabaja conmigo desde hace años y quiero convencerlo de que se dedique plenamente al teatro, donde sé que encontrará el lugar que merece. Por eso le he dado mi autorización para montar *El túnel* en teatro. Quedé muy impresionado de la adaptación que ha realizado, y sé que existe la posibilidad de estrenarlo el próximo año acá, en Madrid. Ojalá pueda llegar a verlo.

16 de abril

Alejandro Sierra nos cuenta que por este tiempo, en los meses de abril y mayo, se queda horas mirando el cielo a la espera del paso de las grullas que vienen del sur y viajan hasta Siberia. De pronto, nos dice, se oye a lo lejos un graznido metálico y tumultuoso, y a los pocos minutos aparecen ellas, como reinas de Saba, volando en forma de delta, como una ciudad imposible. También nos habla de las cigüeñas que regresan para la fiesta de san Blas y se las puede ver recién ubicadas en los techos y en los campanarios.

Elvira, que como él goza del paso de las estaciones, queda entusiasmada en la conversación, mientras yo miro con admiración a este amigo, que como los grandes intelectuales españoles, nunca abandona el cable a tierra; la abstracción en ellos mantiene los filamentos arraigados.

En España, aún las reuniones con intelectuales suelen comenzar y terminar tomando algo en un bar, y en las casas, con alguna partida de «mus».

Acá las ideas no se abstraen de las cosas que nombran, muy diferente a Francia y su intento de claridad. Elvira me recuerda que para Heidegger el arte está hecho de tierra y mundo; la tierra, mientras es inconquistable, guarda en su oscuridad la posibilidad de la vida, como el vientre de la madre. Cerrada, oscura, pero fecunda.

Pienso en el corazón del hombre, en eso que aún hoy a mis noventa años permanece incomprensible para mí. Y no hablo del inconsciente, hablo de algo más misterioso, más allá de cualquier conocimiento. Como si el origen de la vida se nos escapara como se nos van los sueños cuando los queremos despertar; o al menos se cubrieran para defenderse de nuestra pretenciosa abstracción.

Busco lo que escribí en la década de los cincuenta, en *Hombres y engranajes*, y que se ha cumplido, trágicamente.

La deshumanización es el resultado de dos fuerzas dinámicas y amorales: el dinero y la razón. Con ellas el hombre conquista el poder secular. Pero —y ahí está la raíz de la paradoja— esa conquista se hace mediante la abstracción: desde el lingote de oro hasta el clearing, desde la palanca hasta el logaritmo, la historia del creciente dominio del hombre sobre el universo ha sido también la historia de las sucesivas abstracciones. El capitalismo moderno y la ciencia positiva son las dos caras de una misma realidad desposeída de atributos concretos, de una abstracta fantasmagoría de la que también forma parte el hombre, pero no ya el hombre concreto e individual sino el hombre-masa, ese extraño ser todavía con aspecto humano, con ojos y llanto, voz y emociones, pero engranaje de una gigantesca maquinaria anónima. Éste es el destino contradictorio de aquel semidiós renacentista que reivindicó su individualidad, proclamando su voluntad de dominio y transformación de las cosas. Ignoraba que también él llegaría a transformarse en cosa.

¿Cómo saltar de este mecanismo en que está encerrada gran parte de la humanidad, que se expande junto a las guerras y a esa aplastante tragedia que es «el pensamiento único»? Es utópico, sí, pero es la pregunta que debiéramos hacernos a toda hora.

19 de abril

Esta otra noche quedé dando vueltas en torno a la relación que siento entre lo desconocido y la vejez. Lo imposible de prever. Ese riesgo que es toda hora, a esta edad.

Me quedé largo rato sin poder dormir, hasta que finalmente desperté a Elvira y volvimos a la conversación que tuvimos durante la comida.

Ella me había contado que en Europa la afecta la sensación de que todo lugar ya ha sido milimétricamente pisado, observado y catalogado. Que no hay tierras desconocidas, y mucho menos, vírgenes.

Acá, me decía, los hombres han descubierto la totalidad de la que forman parte, allá, en América, somos una parte sin todo. El todo —todavía— no está censado. Existe aún lo maravilloso, lo nunca tocado ni visto.

Los dos entusiasmados hablamos de la valentía admirable de Colón que no sabía adónde iba, ni sabía si el océano terminaba en abismo o en precipicio, y tenía buenos motivos para temer que el regreso no fuese posible.

Después, ya en la cama, relacioné el misterio de lo desconocido con la muerte.

En el bar del hotel

Hemos estado en Valladolid. Yo no he podido superar la melancolía y el desánimo. Tan fácil caigo en la depresión.

El camino ya se me hizo largo, eso que sabía que estaba esperándonos Antonio Piedra, ese filipino escritor y macanudo, (estos atributos no suelen venir juntos), y el infaltable Paco. Y así fue.

Creo que por el año 94 habíamos estado con Elvira. De entonces los recuerdo, como si hubiese sido ayer o mejor dicho en mi infancia, que es el tiempo más presente en la vejez, casi el único tiempo, el tiempo de nacer y el tiempo de estar por morir. Y pienso de pronto que en los dos momentos supremos se llora.

Bueno, recuerdo que llegué enfermísimo, con fiebre, con una bronquitis que no me dejaba respirar. Nos alojaron en un palacio del siglo XV, grandioso por su austeridad y belleza. Enseguida fuimos a comer, y el extraordinario vino de la Ribera del Duero me curó. Cuando salimos, tuve prácticamente que ser llevado en andas, pero en cambio ni restos de enfermedad. Desde entonces, piso Valladolid pidiendo por mis favoritos, la casa de Cervantes, el vino, y este extraordinario restaurante con pequeños comedores en desnivel.

Justamente aquella vez estábamos reunidos los Premios Cervantes; estuvimos con Bioy, con Delibes, con María Asunción Mateo (ya Rafael no se movía de Cádiz), María Kodama, Torrente Ballester.

Durante aquella conferencia, me recuerdan, en vez de tomar agua yo tomaba vino, ante una inesperada multitud de jóvenes; y la conferencia se transformó en un hermoso encuentro.

Esta vez vinimos sólo por un día para dar una conferencia y me parece que expresé una actitud ante la vida que no parecía compartir el público, más académico. Fue duro.

Sin embargo después la gente se mostró cálida.

En cambio, ¡qué bien la pasamos con Paco Martínez y el viejo amigo Antonio Piedra! Paco es el dueño de La Criolla, y una persona de una generosidad que desde que lo conocí, hace años, me ha ganado el alma.

Es menester contar que comimos a lo grande: percebes, gambas, chipirones, lubina.

A la mañana siguiente, antes de partir, quise rendir homenaje al más grande escritor de nuestra lengua. No temí emocionarme en esta casa que perteneció a Cervantes donde se advierte el sufrimiento y la angustia de un gran creador. Sólo me rebelo contra el sentimentalismo fácil e hipócrita de tanto visitante que se emociona porque visita el lugar donde sufrió alguien que ahora sabe que es un «genio», pero difícilmente lo hubiera hecho cuando ese hombre sufría. A estos individuos habría que echarlos a patadas de un lugar que, como éste, está marcado por la desdicha y la grandeza.

Nicolás me sacó unas fotos que muestran la verdad de mi emoción frente a este hombre, que podría decir que me obsesiona en este viaje. No paro de pensar y de sentir lo quijotesco, ¡qué necesario es hoy renacer la utopía!

El mismo día

Tengo en Buenos Aires momentos de un cansancio enorme, que trato de disimular para que no me lo achaquen a la vejez. Sin embargo en Madrid no lo siento. Ha de ser el clima o quizá la lejanía con aquella desgracia persistente, angustiosa y tan amada en que se ha convertido la Argentina. Un sentimiento doloroso, inevitable, que no cesa.

Sólo me recupero cuando estamos concretando tareas de nuestra Fundación. Entonces se me alivia ese dolor, esa bronca, y creo que podremos salir adelante entre todos. Me pesan los párpados de tanto tratar de imaginar caminos para los chicos.

Elvirita anota y hablamos, como lo está haciendo ahora inclinada hacia la luz de la tarde. Ya son las seis y atardece.

Sigo preparando la próxima conferencia.

> Porque esta crisis, que tanta desolación está ocasionando, tiene también su contrapartida: ya no hay posibilidades para los pueblos ni para las personas de jugarse por sí mismos. El «sálvese quien pueda» no sólo es inmoral, sino que tampoco alcanza. Es ésta una hora decisiva. Sobre nuestra generación pesa el destino, y es ésta nuestra responsabilidad histórica.
>
> Y no me refiero sólo a nuestro país, el mundo nos reclama, reclama ser expresado para que el martirio de algunos no se pierda en el tumulto y en el caos sino que pueda alcanzar el corazón de otros hombres, para repararlos y salvarlos.

Ida a Santander

Habíamos estado en Santander años atrás cuando me dieron el Premio Menéndez Pelayo, entonces vivimos en el Palacio de la Magdalena.

Esa vez fuimos con Eulalio Ferrer a las cuevas de Altamira. Fue un honor que nos hicieron porque entonces estaban abiertas al público pero había una lista de espera de dos o tres años. Sólo entrar y ya supe que me sería imposible avanzar. La extrema humedad, una atmósfera sobrecogedora, inquietante, me poseyó como le podría pasar a un chico en una caverna sepulcral. Por el insistente pedido de Elvira avanzamos hasta ver los primeros bisontes. Tremendos, hermosos pero de algún modo insoportables; me sentía como quien estuviera violando sepulturas. Y creyera en los espíritus.

A la media hora estuvimos fuera.

El hotel donde estamos alojados ahora es también un palacio; tenemos tantos cuartos que me pierdo.

Nos acompaña en todo momento Javier Ontañón, un hombre joven que nos cuenta su deseo, inconcebible, casi utópico por hermoso, de radicarse allá, dice, en la América del Sur. Allá tan lejos de donde ahora se halla España.

Antes hemos ido a la costanera para ver el mar.

Nos quedamos con Nicolás en silencio mirando la inmensidad del mar. Apoyados contra la balaustrada, las gaviotas, el sonido de las olas.

Muchas veces a través de los años Elvirita me ha querido llevar al mar. No sé qué sentimiento me hace evitarlo. El mar como la inmensidad que me atrajera hacia la muerte. Lo más bello, inabarcable, como un réquiem.

A la tarde, después de una siesta que dado el tamaño y la grandiosidad del hotel Real, he de llamar principesca, fui a inaugurar la Feria del Libro de Santander.

La conferencia la di ante un público muy cálido.

En este largo trayecto por España hubiese querido llegarme hasta el País Vasco.

Ellos son un pueblo cuyas raíces se hunden en la prehistoria, un pueblo que ha sido y sigue siendo causa de perplejidad y admiración entre los etnólogos, antropólogos y lingüistas. Desde chico fui dado a la ensoñación como es frecuente en los niños solitarios e introvertidos, los libros fueron mi refugio. Me acuerdo absorto ante los mapas históricos en que leía inscripciones como Illyria, Ibernia, Cantabria, y debe de haber sido en esos atlas cuando por primera vez leí la palabra «vascones». ¿Quiénes eran? Cierro los ojos y me parece ver aún los que conocí en mi pueblo de campo, con sus alpargatas bordadas, su gran vientre sobresaliendo por sobre su faja, su nariz larga, casi aguileña, su fuerte y adelantado mentón. También acuden a mi memoria apellidos de aquel tiempo brumoso, como Hegoburu, Barandiarán, Urdinola, o recientes y queridos como el del amigo Carmelo Angulo Barturen.

Pero ya de grande mi simpatía por el pueblo vasco reconoce otros fundamentos, y muy en especial su milenaria lucha por la libertad. La raza vasca es tan singular en el tiempo que no se le reconocen ascendientes ni descendientes o afines étnicos. Que este pueblo haya sido capaz de mantenerse tan puro a lo largo de siete mil años habla del indomable espíritu que le es propio. Enclavado en la pequeña región en que los Pirineos descienden hacia el Cantábrico, pasaje obligado de invasores feroces de toda laya, supo mantenerse libre, fue capaz de conservar sus costumbres, sus instituciones muy democráticas y su lengua ancestral, ¿cómo no admirar a un pueblo que recuerda a esos robles de sus montañas, resistentes a las peores tempestades?

Por esa garganta pasaron una y otra vez pueblos guerreros que invadieron la península y lograron dominarla en buena parte; otros, como los fenicios, griegos y musulmanes llegaron por el sur, a través del Mediterráneo; pero ni éstos ni aquéllos dominaron al país de los vascones, único en el territorio hispánico que no fue romanizado en ninguna de sus formas. Cuando en la Guernica legendaria se constituyó su primer gobierno de nuestro tiempo, a la sombra del Árbol, al caer de la tarde, y a escasísima distancia del frente, el primer Lendakari prestó el juramento de sus antepasados: «Jaungoikoaren aurrean apalik, euzko-lur gañian zutunik, asabearen gomutaz, Gernikako Zuaizpian, nere Aginduba ondo betetzia zin dagit.»

En el hotel Suecia,
de nuevo en Madrid

En la calle me sorprendió un hombre viejo, andrajosamente vestido que revolvía la basura con su bastón.

No había visto ni un solo mendigo en España, es el primero que veo. Me recordó a los nuestros. Multitudes de pobres viejos sin qué comer, ni adónde dormir. Algunos todavía con dignidad, con una mirada de bondad que nos escuece el alma.

No pude seguir andando y volví al hotel. Nos quedamos hablando con Juan Pablo y David con Paco y Julio, y después se nos unió Josefina. Yo les contaba lo que había sido la Argentina, aunque ellos ya lo sabían, yo no podía parar. Hablé a Buenos Aires, con Gladys y también con Malenita. Quedé sereno, como si me hubieran dado alguna pequeña esperanza.

En Magdalena 8, lo de Fanny

El domingo vino de Barcelona, especialmente para cantarnos Paco Ibáñez.

Muchas veces a través de los años Elvira me había hecho escuchar a los grandes poetas en su voz magistral. ¡De cuántas depresiones me habrá rescatado! Una voz grave, hermosa, en la que sobreabunda el fervor.

Cantó a León Felipe, a Cernuda, a Goytisolo; a

nuestro pedido *Andaluces de Jaén*, la del Che y aquella *Entraré en Granada* que despierta la decisión como una arenga de la paz.

Comimos juntos y todavía al día siguiente pasaron con Julia por el hotel. Quedé agradecido; quizá todavía podamos encontrarnos.

Me ha dado ganas de escribir algo para ser cantado a voz plena, como un río caudaloso, como un himno.

Martes 23

Como teníamos que ir a la entrega del Premio Cervantes en la Zarzuela, nos hicimos atuendos. No podía ir con mi viejo *jean* ni los zapatos de siempre. (Diré de paso que no entiendo cómo la gente aguanta cambiar de zapatos, yo siempre llevo los mismos, unos teñidos y otros sin teñir.)

En el hotel miraba a diario la invitación a Palacio que estaba sobre la mesa de entrada y hacía como que iríamos; pero ya el 22 empecé a no querer saber nada de ese esfuerzo y apelé a mis 90 años. Elvira sacó del ropero su vestido de seda japonés, pero no hubo caso. Me desplomaba de pensar en las horas que habría de permanecer inmóvil, quizá de pie. Me ofrecerían una silla y yo me sentiría abochornado de vejeces. Se lo daban a Álvaro Mutis que me parece un gran escritor.

Hubiera querido ir para saludar a los Reyes. Desde siempre he sentido una viva admiración por el obrar del Rey Juan Carlos y de la querida Reina Sofía. Ellos han creado las condiciones para que España realizara el histórico pasaje del franquismo al gran país que hoy vivimos y han apoyado las grandes causas y valores.

Ha sido un verdadero placer hablar con ellos por su inteligencia y sensibilidad. Siempre han sido cálidos y generosos conmigo.

A la tarde fuimos a un programa de radio. Yo iba inusualmente contento como quien se ha escapado del colegio y puede vestir de cualquier manera.

Íbamos al programa *Gomaespuma*, gente joven muy capaz y creativa, que me había visitado en Santos Lugares. Guillermo Fesser, Juan Luis Cano y el argentino Juan Martínez.

Camino a Albacete

Hay lugares que uno comienza a disfrutar antes de llegar. Se saborea de antemano su aroma, su gente; por viajes anteriores que han dejado impresiones grabadas en nosotros; por experiencias que hemos recogido en sus calles; por encuentros, o desencuentros, por personas que hemos conocido, por atmósferas o colores que se fueron imponiendo al caer de una tarde. Algunas ciudades, por intensas, parece que nunca las hemos abandonado; y así, aún hoy podría cerrar los ojos y revivir la emoción que sentí en aquel pueblito de Paola donde nació mi padre;

o en aquel viaje en barco que hicimos con Matilde por el valle del Rin, y que, inevitablemente, me evocaba todo el Romanticismo alemán, sus *lieder*, sus bardos, sus leyendas.

Pero nada había escuchado de la ciudad de Albacete, salvo un comentario soez que decían en Madrid. Nadie me había mostrado que Albacete es sinónimo de heroísmo, que fue Albacete el Cuartel General de las Brigadas Internacionales.

En aquellos convulsos años en que los totalitarismos arrasaban Europa, decenas de miles de jóvenes valientes y abnegados, desde los más recónditos lugares del mundo, vinieron a luchar a esta tierra sin pedir nada, con el solo coraje de su fe y de su decisión. Llegaban a esta ciudad para luchar por la libertad de un país que no era el suyo, ubicado en un lugar del mundo que ni podrían quizá señalar bien en un mapa, y del que tampoco conocían su idioma. Pero sí tenían una lengua en común, aquella con que los hombres son llamados a comprometerse en la vida de los pueblos.

Quienes vivieron esos años cuentan que en los bares, en los hoteles, en las calles, podían oírse todos los idiomas y dialectos. Y ahora, mientras escribo, imagino aquella conmovedora Babel de hombres y naciones congregados bajo un mismo ideal, alentados bajo la portentosa admonición de la Pasionaria: «¡Que España se convierta en la tumba del fascismo!» Aquella quijotesca y demencial decisión, «¡No pasarán!», se alzó como una inexpugnable fortaleza en sus corazones. Me estremeció el alma recordarlo esta tarde, en esta ciudad, en este lugar de La Mancha.

Llegué fatigado, pero me reanimé de inmediato frente a los retratos que se hallan colgados en el vestíbulo del hotel. Observé las fotos de esos hombres enfundados en viejas gabardinas, con boinas y fusil en la mano. Grupos de combatientes perfectamente encuadrados, marchando hacia los frentes de batalla. Otras muestran a varios soldados compartiendo un cigarrillo; conversarían, tal vez, de las terribles experiencias vividas en el frente, de sus dudas, sus ansiedades, los inevitables temores; pero también habrán compartido canciones y aquel español de trinchera con que uno a otro se debieron de dar entusiasmo, temblando. Algunos, muchos, habrán perdido las esperanzas, se habrán sentido tentados innumerables veces a regresar a su país, y otras, a seguir luchando en defensa de España.

Me conmovió la foto de un muchacho. Por ciertas facciones supongo que ha de haber sido italiano; tiene un aspecto a la vez tierno y obcecado. En ese momento tendría unos veinte, veinticinco años tal vez, pero en su rostro ceñudo y silencioso se aprecia ya la gravedad de esos rasgos que suelen llegar con los años. Me pregunto qué habrá sido de él, qué experiencia de combate pudo haber tenido, probablemente ninguna, porque muchos de aquellos jóvenes heroicos, «voluntarios de la libertad» como aún hoy se los sigue recordando, en su vida no habían tenido jamás un fusil en la mano. Pero estaban ahí con la sola convicción en aquellos ideales, y un corazón dispuesto a enfrentar la muerte.

¡Qué infiernos inenarrables habrán visto esas miradas! Qué historias se contarían para contrarrestar el desaliento que debió de desplomarse sobre ellos cuando el agua empezó a escasear, cuando se enteraban de las numerosas bajas, cuando el terror debió de corroer aquel fervor antifascista, cuando empezaron a advertir que sus armas eran escasas e inadecuadas. Cuando creyeron ver que sus nobles ideales caerían sobre aquella tierra seca y desolada.

André Malraux me contó, ya un poco encorvado por los años y las desdichas personales, del heroísmo con que enfrentaron, con apenas unos cachivaches, a las poderosas máquinas con que los nazis y fascistas dominaban el cielo de Castilla. Malraux, que jamás estuvo ausente en las encrucijadas más graves: la convulsión china, la Guerra Civil española, la Segunda Guerra Mundial, la Resistencia y la Liberación. No sólo con sus ideas, claro, sino con sus pasiones y su propio cuerpo.

La desinteresada entrega de aquella generación de hombres y muchachos fue algo absoluto.

A pesar de las dificultades, producto de su precaria organización, aquellos improvisados soldados llevaron a cabo una gesta heroica. Junto a ellos estuvieron Simone Weil, Hemingway, el propio Malraux y tantos otros.

Por la tarde me vino a buscar Martínez Cano junto a Carmen Ramírez; y con ellos fuimos andando hasta el auditorio del Ayuntamiento, frente a la plaza de la Catedral.

Una multitud se dejó contagiar por mi sentimiento de veneración hacia los héroes. Fue inolvidable. Después nos llevaron a comer a un restaurante con una serie de bajadas y entrepisos que resultó muy bueno. Allí se acercó a saludarme con mucho afecto Rosa Montero.

En el viaje de vuelta

En virtud del carácter absoluto del fin *(¡altro che!)* otros sentimientos vienen a escena para hacer más llevadera la verdad.

¡Qué ilusorio y pretencioso eso de la verdad! En todo caso será mi verdad, oscurecida y amparada por lo que fue del tiempo, la verdad que siente un hombre a estos años, en esta tierra. Nunca vemos suficientemente lejos. Eso es. Las esperanzas que hemos tenido. No digo las mías, la vida ha sido muy generosa conmigo, no tengo de qué quejarme; ¿y los demás?, ¿y todos los que esperaron y sufrieron sin llegar nunca al amor, al trabajo creador, a los amigos verdaderos, al sentido de la existencia?

Al día siguiente

Anoche fuimos a casa de Joaquín Sabina. Aunque recién nos conocemos, creo no equivocarme al afirmar que él habría sido uno más entre las tertulias de nuestros viejos compositores de tango. Puedo verlo acodado a la mesa de un bar, con su vaso de whisky, hilvanando metafísica y existencialismo con el humo de su cigarrillo. Quizá porque su espíritu alegre y apasionado, disparatadamente andaluz, me recuerda, a la vez, ese trasfondo descreído, trágico e irreverente, como el de los hombres que poblaban los viejos cafetines porteños.

Corrigiendo la conferencia

Debo confesar que durante mucho tiempo creí y afirmé que éste era un tiempo final. Por hechos que suceden o por estados de ánimo, a veces vuelvo a pensamientos catastróficos que no dan más lugar a la existencia de los hombres sobre la tierra. Pero la vida es un ir abriendo brechas hasta finalmente comprender que aquél era el camino.

Y entonces vuelve a sorprenderme la capacidad de la vida para encontrar resquicios donde seguir creando. Esto es algo que siempre me deja anonadado, como quien bien comprende que la vida nos rebalsa, y sobrepasa todo lo que sobre ella podamos pensar.

Desde su raíz oscura, la vida busca un lugar donde volver a nacer. Y en tiempos de catástrofes como es el nuestro, los hombres se ven obligados a demostrar cuántos de ellos conservan aún su pertenencia a lo genuino, a lo humano.

Sólo el que lleve en sí al menos una mínima parte de la raíz primordial será capaz de guardar aquel manantial oculto del que surge el coraje para seguir luchando.

Como afirma Jünger:

«En los grandes peligros se buscará lo que salva

a mayor profundidad. (...) Nuestra esperanza hoy se apoya en que al menos una de estas raíces vuelva a ponernos en contacto con aquel reino telúrico del que se nutre la vida de los pueblos y de los hombres. Necesitamos el valor de penetrar en las grietas para que pueda volver a filtrarse el torrente de la vida.»

En medio del miedo y la depresión que prevalece en este tiempo, irán surgiendo, por debajo, imperceptiblemente, atisbos de otra manera de vivir que busque, en medio del abismo, la recuperación de una humanidad que se siente a sí misma desfallecer.

Sevilla

En la nueva estación de Atocha, descomunalmente diferente de la que conocí hace años, tomamos el tren AVE para Sevilla.

Tampoco el tren respondía a mis recuerdos; éste es un expreso lujoso que a gran velocidad recorre el trayecto Madrid-Sevilla.

Nicolás me mostró los olivares, los míticos olivares de Andalucía, pero yo casi no pude verlos por la velocidad. ¡Cuánto mejor eran los viejos trenes!, aquellos que nos transportaban con su sonido y nos dejaban demorar ante la visión del atardecer en los campos o en las serranías lejanas. ¿Cómo puede equivocarse tanto el hombre?

Ni ocasión tuve de contemplar las cumbres de Sierra Morena.

Desalentado me cambié de asiento y me puse a

mirar un folleto; al rato les contaba la historia de aquel visigodo que fue degollado por no retractarse de sus creencias. Eso sí que es fe, dejarse degollar por no traicionar eso tan inasible, indemostrable como las creencias.

Siempre he dicho que no se puede vivir sin santos, héroes y mártires.

Esta historia viene unida en mi memoria a las sacrificadas poblaciones indígenas, a su santidad primordial y al Puerto del Guadalquivir, a la Casa de Contratación y al Archivo General de Indias, entonces, cuando por las calles de Sevilla avanzó Pizarro con las riquezas fabulosas de México, entonces cuando allí se manejó el destino de América. Aquella América soñada y ensoñada por marinos y aventureros, que encedía el coraje y la imaginación de los hombres.

Me gusta imaginarla tumultuosa de tabernas, donde el relajo de los marinos, ebrios y contentos, trataban entre risas y jarana con traficantes y truhanes, con capitanes y comerciantes, en una turbamulta de castellanos, catalanes y judíos peleando sus intereses o pactando sus ganancias. ¿Qué delirios habrá provocado nuestra tierra americana?

En un tiempo fui muy lector de Américo Castro, y quizá sea en Sevilla donde mejor pueda mostrarse la decisiva y fecunda relación que tuvieron musulmanes, cristianos y judíos, esos tres grandes afluentes de la Biblia.

Al bajar del tren, nos encontramos con la hermosa Ana Gavín que había convencido al jefe de la estación de la necesidad de que ella estuviera en el andén para recibirme; le habrá sido fácil lograrlo, a mí también me hubiera convencido.

Cuando llegamos al hotel Alfonso X, nos enteramos de que se había estropeado el aire acondicionado; hacía un calor espantoso, y yo hice un alboroto que me avergüenza. Me salvó Ricardo Martín, el marido de Ana, un hombre noble y gran fotógrafo. Nos cambiaron al Fernando III, en la calle Ximénez de Enciso, también en el barrio de Santa Cruz.

Ya era muy tarde cuando fuimos a almorzar a Casa Robles. Allí, en un reservado, nos estaban esperando José Manuel Lara, Javier Harillo, los organizadores de la Feria del Libro, Fernando Iwasaki, que a la tarde haría mi presentación, y algunos miembros de la editorial.

Después de una apurada siesta, llegamos a la Sala Chicarreros en la plaza de San Francisco. Estaba abarrotada de gente, sobre todo de jóvenes.

Mi presentación la hizo Iwasaki, un muchacho peruano que supe de inmediato que era buena persona, inteligente, y me agradó cómo se le notaba su ser americano. Durante mi conferencia el silencio fue reverencial. La gente me escuchó conmovida; luego firmé gran cantidad de libros y muchos vinieron a estrecharme la mano, a darme las gracias.

Salí con ánimo de caminar y pasamos un prolongado tiempo embargados por ese sentimiento que llamamos felicidad y que sucede como un resplandor entre nubes. Manifestación del misterio humano.

Fuimos andando de la plaza de San Francisco hasta la Catedral; frente a la Giralda unos transeúntes me reconocieron y tomaron fotos. Luego seguimos bajando por Mateo Gago, que es una calle estrecha y cuajada de naranjos, y nos metimos en el barrio de Santa Cruz por la esquina de Mesón del Moro hasta llegar a la plaza Altamira.

Alrededor de una mesa muy larga nos sentamos los tres junto a Ana y su marido, Mercedes de Pablos, Fidel Cardete, Fátima Bermúdez, Fernando Yélamo, Mathle Cordero y Fernando Iwasaki, como estudiantes que fuéramos. Fue una charla demorada y divertida en la que se habló de cuanto se quiso: de Saramago y de la física, de la ternura de las madres y de los árboles de Santos Lugares, de mi pintura y hasta de mis aventuras galantes, según dijo Iwasaki. Quedamos hasta muy tarde con Elvirita y nos prometimos un paseo en carruaje.

Fue uno de esos momentos en que la vida parece llevarnos en andas.

La fe que me posee se apoya en la esperanza de que el hombre, a la vera de un gran salto, vuelva a encarnar los valores trascendentes, eligiéndolos con una libertad a la que este tiempo, providencialmente, lo está enfrentando. Porque toda desgracia tiene su fruto si el hombre es capaz de soportar el infortunio con grandeza, sin claudicar a sus valores.

Aunque todos, por distintas razones, alguna vez

nos doblegamos, hay algo que nos convertirá y es la convicción de que, únicamente, los valores del espíritu pueden salvarnos de este gran terremoto que amenaza a la humanidad entera. Necesitamos ese coraje que nos sitúe en la verdadera dimensión del hombre.

Recordemos también a Nietzsche cuando dice: «Yo amo a quienes no saben vivir de otro modo que hundiéndose en el ocaso. Pues ellos son los que pasan al otro lado.»

Fundamentales palabras estas, porque sin duda lo que hoy nos toca atravesar es un pasaje. Este pasaje significa un paso atrás para que una nueva concepción del universo vaya tomando lugar, del mismo modo que en el campo se levantan los rastrojos para que la tierra desnuda pueda recibir la nueva siembra.

Sevilla resiste, manteniendo mucho de su vieja contextura, sobre todo algunos barrios, como el de Triana, al otro lado del río, o algunos rincones del barrio de la Santa Cruz por donde anduvimos ayer, con sus callejas tortuosas y sus macetas con malvones. Por la calle de Guzmán el Bueno, llegando casi a la iglesia de la Santa Cruz, una cierta nostalgia parece tomar cuerpo y revelarnos imágenes de otros tiempos, calles de la Inquisición, mujeres con faldas a lunares, de negro lujurioso sus miradas; andando casi como intrusos, como violadores o profanadores de algo sacro, o como quien entra, sin permiso, en el patio vacío de una casa desconocida por una puerta que ha quedado abierta. Los visitantes de la Sevilla de hoy, con sus hospitalarios y amables lugarcitos para un vino o un café, no podemos dejar de ver en ella, a un tiempo, a la Hispalis, como la llamaban los romanos, bocado tentador de fenicios, griegos, cartagineses, celtas y musulmanes. Sobre la antigua mezquita se levantó la Catedral imponente en su estilo gótico austero, el islámico patio de los Naranjos, y la magnífica Torre-Campanario, por todos conocida como la Giralda, erigida en tiempos del Califato, cuando a la oración se arrodillaba en otra lengua.

Pero la presencia árabe no sólo vive en la Torre del Oro, o la Giralda, sino que con su cultura llegan también los deseos de jardines arbolados, de naranjos, y de fuentes; los perfumes de nardos y de azahares. Ni bien entramos al parque de María Luisa los dos reconocimos el origen de nuestro Rosedal. Más tarde al Alcázar, al patio de las Doncellas y de las Muñecas, y el jardín de la Danza, donde se repite la grandiosa seducción árabe.

Al día siguiente Ana Gavín y Elvira se fueron a misa a la Giralda. Una misa cantada, me dijeron; yo me quedé escribiendo como hacía tiempo no lo hacía.

Alicante

Como para mostrar el cambiante ánimo de la vida, el inevitable fin de toda felicidad, al día siguiente estalló la tormenta.

Teníamos que ir a Alicante. Había dejado el hotel de Sevilla a las seis de la mañana para tomar un avión que nos llevaría a Valencia, donde nos estaba aguardando Joaquín Manresa, y de allí fuimos trasladados a la ciudad de Alicante. Horas en auto por paisajes que yo aseguraba haber atravesado repetidas veces, todo me parecía lo mismo, el dolor de mi rodilla era cada vez más intenso, hasta que exploté como si negros nubarrones se hubiesen descargado sobre mí.

Por debajo un ser más comprensivo y sereno intentaba calmar la furia de su oponente, de desviar el curso de los hechos; pero como un gran río salido de madre, se impuso el otro, el violento, como un energúmeno. ¡Cuántas veces he luchado inerme por esta división en mí, como si tuviera un doble, o fuera el campo de batalla de fuerzas enemigas!

Elvira utilizó todos sus buenos recursos para restablecer un clima agradable, pero no hubo forma. Durante las horas en que transcurrió el viaje se vivió una situación insostenible.

Una buena comida y una larga siesta me recuperaron.

Me puse a mirar desde la ventana del hotel el Mediterráneo, los barcos, y la asombrosa, (asombrosa para mí), edificación de Alicante. Yo la creía española y al estilo de antes. No recordaba ninguna de sus modernísimas edificaciones, ni de sus puertos, ni creo que nunca hayamos visto esta cantidad de veleros.

El criterio que predomina responde a la cultura del espectáculo y las necesidades del mundo empresarial. Es evidente la prosperidad, pero se sabe que una economía favorable no siempre es pareja al buen desarrollo del espíritu humano. Me pregunto si es consecuencia de eso que se ha dado en llamar Unión Europea.

¡Qué espanto! Sacrificar las hermosas diferencias por el imperio de la uniformidad. Le pediré a Manresa que me cuente cómo era la ciudad, cuáles eran sus valores, sus símbolos, los lugares regios que hablan de su pasado. Cómo era Alicante, en definitiva, antes de que la ciudad moderna barriera su belleza.

Me entristece que la esencia de la España que amo esté desapareciendo. La España áspera, indómita, fuerte. La España de Cervantes, de Unamuno, de Machado, de Lorca, de Hernández. Quiera Dios que no llegue el día en que McDonald's instale su fábrica de hamburguesas en una plaza de toros.

Me digo qué viejo estoy. No queda nada de lo que conocí, ni el mar parece el mismo, atestado de barcos como está. Ahora Alicante es una ciudad de turismo, a la que vienen muchos alemanes. Quizá se viva mejor así.

En Alicante murió Miguel Hernández. Acá, en esta ciudad, consumó su destino trágico. Aquí, en el Reformatorio de Adultos, acabará aquel doloroso peregrinaje de cárceles en que transcurrieron sus últimos años. Testimonio de aquel tiempo de lucha, de amor, de entrega, de hambre y de ternura, son las cartas que, desconsoladamente, le escribe a Josefina.

Pronto, siempre es pronto para nosotros, Josefina, pronto iré a tu lado a sacarte de ahí y nos iremos adonde yo, con mi trabajo, pueda atenderte como siempre lo he querido, como tú te mereces, por buena, por madre hermosa que eres. (...) Te voy a decir algo de mi vida por aquí. Lo paso muy bien, Josefina. He visto a la gente que me rodea desesperarse y he aprendido a no desesperarme yo. Con los amigos que he encontrado aquí, me paso el día a veces hasta sin acordarme de ti ni de Manolillo (no lo creas), cantando y riéndome de todo aquello que puede atacar mi salud y desgastar mis energías, que quiero conservar para luchar por lo que hoy apenas podéis tener: la felicidad y el pan. (...) En fin, que estoy aquí como en un hotel de primera, sin ascensor, pero con una gran esperanza de verte, de ver a ese hijo que me crías, tan hermoso. Me paso al sol todo el día, duchándome a cada momento, y así evito toda clase de bichos en el cuerpo. Esta carta te la estoy escribiendo a tirones, porque llueve de cuando en cuando a cada momento, y he de dejarla para que no caigan gotas sobre ella y creas que son lágrimas.

Sus ojos nunca más volvieron a ver el esplendor del sol, su huerto, sus trigales. Pero el profundo amor por su esposa y por su pequeño hijo significó una fortaleza, la razón para vivir y soportar las desdichas del encierro. El enorme sacrificio de resistir cuando todo es ausencia.

Al atardecer

Cuando Joaquín Manresa llegó yo no sabía cómo disculparme. La culpa me atenazaba, ese segundo momento, esa conciencia aguda de haber hecho daño. Pero fue él quien allanó el camino, la cuestión quedó olvidada y pudimos conversar como amigos. Me quedé admirado de su sensibilidad. En el Aula Cultural de la Caja del Mediterráneo nos mostró libros y ediciones. Luego di mi conferencia.

La noche fue una auténtica celebración, uno de esos momentos que fortalecen el alma y que el corazón atesora para siempre. Junto a los actos de los primeros días en Madrid, fue éste uno de los más emotivos. La gente se dispuso a escucharme con un profundo y generoso silencio. Y como pocas veces, cada palabra, cada frase, parecía un acorde, que encontró, en cada oyente, la vibración adecuada. La conferencia, que fue precedida de un largo y fervoroso aplauso, concluyó con toda la audiencia de pie, regalándome una ovación que no dejó de crecer hasta que yo, con notable esfuerzo, me levanté y fui hasta el borde del estrado a saludarlos. Profundamente conmovido, tuve que inclinar la cabeza al ver gran parte de esa enorme multitud llorando. Gritaban ¡Gracias! ¡Gracias, Maestro!, hasta el cansancio. ¿Qué zonas del espíritu habrán sacudido mis palabras, qué recuerdos habrán despertado, atraídos, como por un eco distante? En parte lo adiviné después, cuando supe que en la sala había una gran cantidad de argentinos y emigrados de otros países de América Latina. Ellos estirando sus brazos, aunque lo hicieran hacia mí, era a sus tierras a las que bendecían.

La vida del mundo ha de abrazarse como la tarea más propia y salir a defenderla, con la gravedad de los momentos decisivos. Ésa es nuestra misión. Porque el mundo del que somos responsables es éste: el único que nos hiere con el dolor y la desdicha, pero también el único que nos da la plenitud de la existencia, esta sangre, este fuego, este amor, esta espera de la muerte.

Este deseo de convertir la vida en un espacio de humanidad.

No podemos hundirnos en la depresión, porque es, de alguna manera, un lujo que no pueden darse los padres de los chiquitos que padecen el hambre. Y no es posible que nos encerremos cada vez con más seguridades en nuestros hogares.

Tenemos que abrirnos al mundo. No considerar que el desastre está afuera, sino que arde como una fogata en el propio comedor de nuestras casas. Es la vida y nuestra tierra las que están en peligro.

La solidaridad adquiere entonces un lugar decisivo en este mundo acéfalo que excluye a los diferentes.

De vuelta en el Suecia

En este hotel vivía Hemingway, hay una placa que lo dice. No sé qué escalofrío me produce verla, quizá porque sea él para mí un escritor admirado y querido. Y quizá porque presienta que otra similar podrían colocar algún día con mi nombre, y que ese día puede no ser lejano.

Por momentos el viaje me cansa, quiero estar tranquilo en mi casa, que es como decir en mi cueva.

Éste me ha repuesto, hacía años que no salía más que de vez en cuando y por el barrio y ahora ya llevamos cincuenta días viajando. No quiero todavía volver, he resuelto aceptar la generosa invitación de

Banier e ir a París. Elvira ha llamado a Isabel, mi nieta, que está en Londres, para que venga a encontrarse con nosotros.

Por la tarde veremos a Mariángeles Fernández, que es muy amiga; con ella quisiera conversar sobre la Fundación.

Martes

Vamos con Juan Cruz a Lucio, el antiguo restaurante.

Nos cantó canciones de Eduardo Falú, algo que decía:

> *Volver,*
> *¿Volver para qué?*
> *Para sentir otra vez*
> *Donde desemboca tu ausencia,*
> *Dormida en mi pena*
> *Perdida en tu ser.*

Aseguro que Juan Cruz supo hablar con nosotros, cantar, y al mismo tiempo responder a un telefonito infernal. Aunque ya es un hombre grande con hijos, y seguramente nietos, para mí sigue siendo aquel muchacho que leía mis libros; hasta creo que me enojé, con afecto, por hablar por teléfono mientras comía con nosotros. Parecía tener mucho trabajo; no entiendo cómo no ha podido ahorrar unos pesos para estar más libre y vivir pausadamente. Aunque ahora es frecuente encontrar a hombres y mujeres en trabajos importantes, en las grandes empresas, con horarios de esclavos. ¿Para qué van a querer la plata que ganan? En el rato que estuvimos con Juan lo quise convencer que se retirara a su Canarias; él se reía como si yo le hablara de una imposible añoranza.

Después de varios llamados pudo dar con Jorge Valdano y de inmediato nos consiguió entradas para ver mañana el Madrid contra el Barça que juegan por la Champions.

Juan se fue sin postre para Barajas a tomar un vuelo al que ya estaba llegando tarde. Quise pedirle que se cuidara, pero no me dio tiempo.

Fin de abril

Adrián Egea nos invitó a almorzar en un restaurante chino con Antonio Guerra. Estuve a punto de decirle que yo nunca había probado ese tipo de comida, que no salía del bife con papas fritas; pero como he estrenado varias costumbres en este viaje, le dije que sí.

Adrián es un muchacho, ya hoy un hombre, excelente persona, que conocimos hace años en Córdoba, en nuestra Córdoba.

Y me detengo a pensar ¡cuántos lugares en la Argentina llevan el nombre de una ciudad famosa de España!, de modo tal que la nuestra aparece como un doble, un eco lejano de aquella en la que soñaron a solas sus fundadores. En un sentido se puede decir que su nombre no es propio, que llevan el de allá, como los hijos que tienen el nombre de los padres y a cada rato lo han de aclarar. Pueden superarlo, como Nueva York, pero me parece que necesariamente implica una desvalorización de la tierra en que vivimos.

Dejando un renglón, vuelvo al almuerzo con Adrián. Hace como veinte años, o más, Adrián había organizado algo en la universidad, o en el teatro, ya no recuerdo; pero sé que vivíamos con Elvira al borde de La Cañada. También recuerdo con gratitud que al día siguiente Adrián nos llevó al rancho de Pantanillo y volví a entrar después de casi cincuenta años en esa precaria construcción de adobe donde se definió mi destino.

Qué sentimientos volvieron a mí de esa época cuando todavía éramos jóvenes Matilde y yo, cuando vivíamos allá para probar si era verdadero mi deseo de escribir.

Para cumplirlo, Matilde dejó todas las comodidades que teníamos en Buenos Aires, un departamentito que ella había arreglado con esmero en la calle Tagle, y se fue conmigo, y Jorgito pequeño, a vivir en un rancho, sin agua corriente ni electricidad ni nada.

Por días se me caían las lágrimas recordándola.

Sábado

Ayer temprano en la tarde llamaron de la editorial para decir que de ninguna manera podíamos ir al Bernabeu. Estaban agitados y no parecieron escuchar razones: ETA había hecho estallar una bomba enfrente mismo del estadio. Ni pensarlo, fuimos igual. Nicolás nos acompañó como guardaespaldas en medio de multitudes enardecidas. Fue un partidazo.

Quiero agradecerle a Valdano esta oportunidad de volver a ser joven, nuevamente como en aquellos partidos entre Estudiantes de La Plata y Gimnasia y Esgrima. En perpetua y feroz rivalidad. Yo era rompecanillas, así me decían, muy violento; me apasionaba, pero tuve que dejarlo porque tenía la mollera débil.

Salimos de la cancha antes de que terminara el partido, y con eso y todo, la salida fue brava porque yo insistí en bajar a la calle.

Estos riesgos me rejuvenecieron. Y al cabo de un rato salimos lo más bien para Santiago de Compostela. Los riesgos rejuvenecen, claro, si uno sale vivo.

En vuelo

Vamos entusiasmados. Elvira como volviendo a casa: la abuela era de Betanzos, doña Joaquina, y de La Coruña, don Antonio. Feliz de volver al Hostal de los Reyes Católicos donde había estado con Inés y sus padres cuarenta años antes.

Llovía cuando llegamos.

Siempre llueve en Santiago, ellos andan con paraguas como yo con melancolía; las veredas tienen recovas como en el viejo Buenos Aires para protegerse de la lluvia.

Santiago es de las ciudades más hermosas que he visitado en la vida, sus calles angostas empedradas, sus edificios apretados parecen quererlo a uno. Si bien hay turismo, es persistente el sentimiento gallego que nos llega, hecho de calidez, de coraje ante la vida, de poesía.

Guardo una foto en que estamos cruzando con Luis la majestuosa plaza del Obradoiro, con la imponente Catedral detrás. Luis Tosar es quien preside el Pen Club que me otorgó un premio, y quien hizo lo imposible durante meses para que fuéramos. Él es un buen poeta y una gran persona. Junto a él trabaja afanosamente la entrañable Helena Villar Janeiro. Fueron ellos quienes emocionados nos esperaban en el aeropuerto, y quienes nos acompañaron a todos lados.

El Hostal de los Reyes Católicos es una construcción medieval de piedra, austera, hermosa, con patio cuadrado interior y severas galerías. Fue hospital y hostal de peregrinos durante siglos.

Las peregrinaciones han existido siempre, quiere decir que hay una actitud en el ser humano acorde con este caminar físico que predispone un caminar del alma. El Camino de Santiago se iniciaba en París, Orleans, Tours, Arlés, los peregrinos atravesaban el País

Vasco, Logroño, Burgos, Asturias para llegar agotados pero creyentes ante San Yago.

> *¿A dond irá meu romeiro,*
> *meu romeiro adond irá?*
> *Camiño de Compostela*
> *Non sei s'alí chegará.*

Y pienso que yo mismo he peregrinado con Matilde a la tumba de Hölderlin, a la de Van Gogh, con una manera de religiosa unción.

Caía la tarde cuando volví a atravesar la plaza del Obradoiro con profundo sentimiento hacia el Rectorado de la Universidad de Santiago, donde me otorgaron el Premio a la Lengua Castellana. Por la lengua vasca se lo dieron a Juaristi, por la portuguesa a Piñón y al gran dramaturgo Ricard Salvat por la catalana. Después fuimos a una comilona con escritores gallegos donde conocí al escultor Isaac Perel y a Manuel Rivas; conversamos largamente con Ricard Salvat. Elvira quiere saber si se podría traer alguna obra suya a Buenos Aires. Sería muy bueno, vamos a ver.

Era tarde cuando nos retiramos al hostal.

Al día siguiente

Sigue lloviendo, nos detenemos a conversar de tantas cosas. Ella me habla de Fernanda Cortiñas, una gallega arquetipo de esas mujeres abnegadas, sufridas pero alegres que fecundaron nuestro país con su trabajo y su nobleza. Fernanda era modista en su casa; con dedicación hacía nuestros vestidos y tapaditos, me dice, y cuando ya tenía todo encaminado, con la frase «ahora a coser y cantar» llegaban las *mourinhas* gallegas. Era de Orense.

Más tarde Luis nos llevó hasta Pontevedra, de donde es la familia de Marcial. Recorrimos pueblos y rías hasta llegarnos a la isla de la Toja; toda esa zona que luego fue atrozmente destrozada por el petróleo. Colonias irrecuperables de mariscos, daños que ni conocemos a la fauna submarina y a la flora. Pero eso sucedió después, entonces, pudimos gozar de los bosques durante horas. Luis nos dijo que se le llama «fraga» a los bosques de castaños y almendros.

Día martes

Me levanté de la siesta deslumbrado por la belleza de Galicia y por la de su gente, con ese ánimo di en la universidad la conferencia prevista «La fecundidad en la cultura gallega». Me centré en los miles de hombres y mujeres que creyeron que valía la pena sacrificarse, dar lo mejor de sí, aun perdiendo los años y la vida. Terminé evocando aquellas romerías de mi pueblo, cuando los gallegos cantaban y bailaban a su tierra lejana, a todo aquello que se había ido para no volver. Recité tragando lágrimas aquellos versos de Rosalía:

Adiós, ríos; adiós, fontes;
adiós, regatos pequenos;
adiós, vista dos meus ollos,
non sei cuándo nos veremos.

Y aquel poema:

Miña terra, miña terra,
terra donde me eu criei,
terriña que quero tanto,
figueiriñas que eu plantei.

Al finalizar el rector Villanueva me entregó la insignia de oro de la universidad. Un concierto de gaitas como no había escuchado en mi vida cerró la noche.

La lluvia caía triste la mañana en que nos fuimos.

París

En estos días he releído *Balthazar, fils de famille* de François-Marie Banier, es uno de esos libros que no se abandonará, por la marca que dejará en nuestra alma la incansable lucha de Balthazar por alcanzar un horizonte desde el cual poder vislumbrar la grandeza de la vida humana. Un joven que, como tantos en el mundo, crece entre peligros, bajo el maltrato y la sordera de un mundo adulto oculto entre hipocresías. Sin embargo y siempre la criatura desparrama amor.

De manera magistral, el libro expresa un rito de pasaje. Balthazar, un adolescente no querido por sus padres se convierte en un joven que parte abandonando las comodidades de la casa paterna en defensa de su dignidad y con la sola compañía de alguien ajeno. Casi un sueño.

El diálogo del joven poeta consigo mismo es valiente, angustioso, pero nunca sórdido porque la belleza se sobrepone al horror que lo rodea como en la obra de todo gran poeta.

Hemos estado con él, con Martin d'Orgeval, con Héctor Bianciotti que tiene gran amistad con Elvira, y conmigo, ¡claro!, de tantos años.

En la tarde de ayer llegó Isabel; fue bueno que mi nieta se viniera de Londres a visitarnos; hacía meses que no la veía y ya son tantos los años que los días cuentan. Fue sólo un día pero valió para siempre.

Isabel se graduó con honores en la Facultad de Derecho y luego fueron, ella y Alejo, a Londres a perfeccionar sus estudios. Es muy responsable, con una conciencia social tan noble como la de su padre.

Me alegró su decisión de volver a la Argentina para volcar su capacidad de trabajo y su experiencia en nuestro país.

Lunes

Hoy almorzamos con Annie Morvan y Juan Carlos Mondragón. Quería verlos. Fue un encuentro melancólico; como comprobar que ya no éramos los mismos, que el tiempo nos había devastado, como invariablemente pasa en la vida. Y como si supiéramos o presintiéramos que no era una comida más la que compartíamos, sino muy probablemente nuestra despedida.

Mi ánimo no se recuperó.

Hubiera querido estar mejor por ellos, pero no pude.

En este viaje no hemos visto a la querida Liliana Andreone, que está en Buenos Aires, ni hemos ido al gran Théâtre du Soleil, como me hubiera gustado. Elvirita siempre me lleva a la Cartoucherie.

De vuelta en el Suecia, de vuelta en Madrid

Ya con las valijas por medio nos volvimos a encontrar con algunos amigos.

Fuimos a comer con Fabián Panisello y Ema. Como siempre a través de los años, Fabián me habla de su música, su pasión. Es muy grato ver cómo aquel muchacho, un adolescente, que conocí hace tantos años en Buenos Aires, ha llegado a ser un gran músico.

Me pidieron que hablara en el acto de entrega de los Premios Ortega y Gasset, que cada año se otorgan a las más destacadas labores periodísticas. Vine especialmente de Francia. Lo hice porque es un premio que da *El País*, ese gran diario al que le dio empuje y prestigio Juan Luis Cebrián, de un nivel sobresaliente, que leo con admiración; y porque considero que el periodismo es una labor de una responsabilidad trascendente de la que dependen los hombres y los pueblos, que forma y deforma el alma de los seres humanos. Permanentemente presionado por la maquinaria del poder, obligado a resistir. Una profesión arriesgada, y hasta heroica.

Leí unas páginas junto a Cebrián, y luego se entregaron los premios: a Ángeles Espinosa de *El País*, que ha trabajado con dedicación admirable y con peligro en Afganistán, Pakistán y Medio Oriente. Y a Andrés Carrasco por su desgarradora fotografía que muestra a tres hombres jóvenes muertos, tirados en la playa, en el sur de España. Habían intentado salir de la desolación en que se han convertido grandes extensiones del África. Venían en pateras.

Antes de salir

A modo de despedida, almorzamos en Lhardy, el célebre cocido. Con Ana Gavín y Ricardo Martín, con Carmen Ramírez y su familia.

Les quise decir mi gratitud, pero creo que no pude expresar lo que hubiese querido.

Grande es también mi agradecimiento hacia José María Montes, Carlos Rodríguez Bono y Alberto Villaverde que ponen tanto empeño en la Fundación.

Estos días han dado a mi vida un vuelco, he recibido tanto reconocimiento y afecto que me encuentro vaciado de tristezas, y hasta de los años, como si a punto estuviera de lanzarme a vaya a saber qué aventura.

¡Tanto les debo!

Fueron acontecimientos que me han vuelto años más joven.

Es la imponderable cercanía de los demás; el aliento que nos dan, lo que los otros modifican nuestra vida y lo que gravemente mide la responsabilidad que tenemos hacia las personas que nos rodean, conocidas o desconocidas. ¡Hasta qué medida no es lo mejor de nuestra vida algo para adjudicar a los demás!

¿Acaso no son los demás quienes encienden en nosotros la utopía?

SEGUNDA PARTE

Lunes, en Santos Lugares

Llegué a casa, finalmente. No lo podía creer.

De vuelta en mi cuarto, mi escritorio, mi cama, mis cuadros. Pasé días mirándolos, apreciando la comida de Gladys, y ese estar lento, sin exigencias, sin nada fijo que hacer.

Pero luego caí en la melancolía, como si estuviera por morirme, como un telón que ya no se fuera a levantar.

Otra tarde

Estoy alejándome de la vida.

De esta vida.

La miro con emoción como si ya estuviera fuera de mí.

O, más bien, como sentado en esas mesas de café que están en las veredas desde donde uno puede ver pasar la gente, y oírlos hablar.

A veces nítidamente veo el caminar de hombres y mujeres. De pronto me sonríen.

Pero otras veces, confusamente, como detrás de una nube, o de mis lágrimas.

Soy injusto, siempre hay alguien conmigo.

Pero la vida se aleja.

Viernes

Pocas cosas me interesan de verdad, cada vez menos. Disfruto de un café, de un vaso de vino o de un paseo, según quien esté conmigo. Ya no busco temas o discusiones.

Sábado de mañana, esperando a Lidia

Ayer fui con Elvirita a la plaza de Villa Devoto. Nos detuvimos frente a cada árbol: sus cortezas, la forma de las hojas. En el año 81, ¡hace tanto tiempo!, le regalé a ella un tilo. Fue una linda idea. Me gusta mirarlo cuando voy a su casa. Lo elegimos porque estuvieron en mi juventud. Ahora ya es muy alto, ¡qué corta es la vida!

Antes yo tenía una sensualidad introvertida, casi de pura imaginación, en cambio en estos tiempos paso ratos mirando las plantas, o a la gata, o a cualquier bichito que asoma en mi escritorio.

Frente a la plaza vive el doctor Sabransky. Él corrió por nosotros tantos años, tantas veces; y me salvó la vida cuando murió Jorgito. Nunca le he podido expresar mi gratitud y el afecto que le tengo.

Lo intento, pero no sé qué me da. ¡Esa educación estoica! En casa no se podían expresar los sentimientos y mucho menos llorar. No era de hombres la ternura.

Domingo

Volví a caer en la tristeza.

Elvirita me propuso ver una película en su casa, le dije que sí entusiasmado.

Vimos *La eternidad y un día*, de Angelopoulus. ¡Qué magnífico creador!

Es la historia de un hombre que al día siguiente va a soportar una operación de la que probablemente no sobrevivirá.

El estrecho marco de un último día alcanza para que la existencia sea un hecho absoluto.

Es triste, tristísima, pero se respira la grandeza de ese hombre todavía joven para quien su enfermedad no es excusa para no ocuparse de los demás, en este caso un chiquito albanés que me acongojó tanto que tuvimos que apagar la película por un rato.

El viejo y el chico de la calle, albanés como yo, caminan tomados de la mano; abrazados enfrentan la sordidez y el dolor más profundo.

La música, la fotografía, los recuerdos del amor y de la niñez, el coraje de la criatura. Película muy hermosa.

Admiro el coraje.

Creo que es un impulso del corazón.

Nace frente a la adversidad como una fuerza vital; si no hay obstáculo, si no hay riesgo, no hay coraje.

Desde joven, quizá por mi timidez, y porque según dicen soy paranoico, siempre me he inclinado ante el coraje; lo he admirado. Cuando uno actúa con coraje se reafirma la vida, es algo instintivo; si uno lo razona no lo haría.

El chico albanés está en peligro. No es razonable que el hombre enfermo se haga cargo de la tragedia de este chico que lo sobrepasa. Sin embargo lo hace, se deja tomar por la criatura y hace lo que no podría. Hay una dimensión del coraje de la que nace el héroe.

Y no me refiero a grandes personalidades, sino al coraje con que viven miles de hombres y mujeres que se atreven a vivir lo que anhelan, lo que les dicta el alma, a pesar de los riesgos. O que tienen la valentía de luchar por lo que es noble y está amenazado.

Es un valor que agrega vida, que nos fortalece; y nos deja luego más allá de lo que éramos.

El viejo de la película, a pesar de estar por morirse, actúa con coraje por el chico. El coraje lo engrandece, es un salto más allá de sí.

Miércoles

He quedado anclado en Albania. No puedo abandonar al chico de la película. Es una criatura pequeña, exiliada, que está obligada a estar alerta para sobrevivir.

Esos países balcánicos que han sufrido tanto. Los jóvenes han sido asesinados o han huido. Familias enteras huyen, con los abuelos que apenas caminan, con los chiquitos a cuestas, aterrorizados, debilitados por el hambre y el cansancio.

La tragedia de tantos pueblos en el mundo que buscan desesperadamente un lugar donde vivir. Huyen, a pesar de los riesgos atroces. Muchos mueren en el trayecto.

Walter, ese muchacho, sacerdote tucumano que trabaja allá en Albania nos contaba cómo llegaban las familias a los campos de refugiados.

La película sucede en Grecia, cerca de la frontera. Muchos albaneses desean huir y emigrar a Europa. Una de las rutas más transitadas es cruzar el Adriático hasta Italia.

En aquel viaje a Tirana, creo que por el año 95, visitamos con Elvirita ese puerto. Yo no podía volver sin rendirle homenaje. Por él partió mi familia materna, y tantísimas otras.

Muy temprano

He estado mirando las fotos que Nicolás Musich me sacó durante el viaje. Como otras veces, antes de que lo hubiese elegido para hacer el libro de fotos, me admiro cómo afloran en ellas gestos en mi cara, en mis manos, que me sorprenden. Su modo de tratar la luz revela rasgos escondidos. Aparecen de otra forma, a veces expresiones enérgicas, decididas, como cuando era joven y violento; en otras hay rabia en la boca, en la expresión de los labios, quizá confusión en la mirada. O una sonrisa que me asombra.

Y así he sido siempre, contradictorio, plural. Como mis personajes, así soy en sus fotos. Le han ofrecido hacer una gran muestra en España que yo quiero que se convierta en libro.

Jueves, antes de comer

El hombre no puede resignarse a vivir sin crear.

Y cuando digo crear no me refiero sólo al arte. Por supuesto el arte, el arte es la gran salvación, siempre se lo digo a quienes se acercan a mí angustiados o endurecidos por el dolor o el desengaño; pero en este tiempo de inhumanidad, crear ha de ser, de modo fundamental, buscar maneras de vivir que ayuden a mejorar la vida de los millones de personas que viven hundidos en el horror.

Ningún hombre tiene excusa para desligarse de esta responsabilidad.

Me indigna la tendencia actual al facilismo. En los oficios, en el aprendizaje, en la realización de las tareas; también en el arte. La búsqueda de la excelencia ha pasado a ser cosa de estúpidos.

Ahora todo está bien, de cualquier manera.

¡Lo que eran las escuelas de oficios! El largo, exigido, pero entrañable trayecto que iba de aprendiz a maestro.

También en el arte. Los poetas, los artistas, buscaban la inspiración, se preparaban para ella. Pero no creían que ésta llegaría en el momento en que a ellos les diera la gana. Había una dura iniciación, un aprendizaje, los hitos de un ritual que se cumplía con fervor y obediencia.

Antes y siempre el artista se creyó condenado a soportar sobre sí las pruebas necesarias para merecer aquella inspiración que lo convertiría en poeta. Incluido el descenso al Infierno.

Aunque hoy también hay quienes sacrificadamente y a contrapelo buscan la excelencia.

5 de mayo

Elvira me ha puesto las viejas canciones sefardíes que me recuerdan a Matilde.

Puedo quedar horas escuchándolas, acercándome quizá a otras costas, a otros lugares. A los muchos viajes que hice con Matilde.

Ella gozaba de todo lo que veía, hacía compras para los hijos, para los nietos. Yo he vivido con tanta tensión que raramente he gozado de paseos o de excursiones. He estado condenado a estar bien solamente en mi lugar. Salvo algunas excepciones, yo no he sabido pasear.

16 de mayo

Pongo en orden mis papeles, algunos recortes, estas carpetas donde guardo las tareas que han quedado pendientes. Nunca he podido acostarme sin asegurarme de que todo estuviese en orden. De lo contrario no podría conciliar el sueño. En otra época, cuando mi espíritu era más severo y enérgico, un simple cortapapeles podía desvelarme hasta que no estuviera en su estricto cajón.

Dura y enigmática, la oscuridad de la noche ha caído sobre el jardín. Desde la ventana de mi estudio ya no se distinguen las plantas ni los árboles. Sólo este rostro envejecido y cansado, ahora sin lentes, reflejado sobre el vidrio, a contraluz.

La entrañable Gladys en este instante, como todas las noches, entra a verme al estudio. Suave, pudorosamente, apoya su mano sobre mi hombro, como si temiera algo. Hasta que dice «Tatita, es muy tarde», y luego sale nuevamente del estudio. Sé que es capaz de permanecer en vela, intranquila hasta no estar segura de que me he ido a dormir.

Me atiende, me cuida, con ese afecto profundo que nunca, ni ella ni yo, hemos sido capaces de poner en palabras.

Hace más de treinta años que vive en esta casa. Aun en los momentos más graves ha estado a nuestro lado. Soportándolo todo. Cuando llegó por primera vez, tendría la misma edad que Erica tiene actualmente; aquella hija de Gladys, que nació aquí, a la que vi crecer y jugar como ahora, con emoción de abuelo, disfruto viendo a su nieta Fátima.

Hoy, que es su cumpleaños, quiero dejar escrito mi reconocimiento, mi gratitud.

Día muy ventoso y frío

Un gran reloj de pie marcaba las horas en casa. Se ha descompuesto y no lo han podido arreglar. Desde que Matilde no está, ya no suena. ¡Parece que hace ya tanto tiempo!, claro, también por su larga enfermedad. Fueron diez años o doce. Un tiempo muy largo y doloroso. Reconocía a muy pocas personas y gracias a Dios no se enteró nunca de que había muerto Jorgito. ¡Cuánto alentó ella a mi vida!

Le he prometido a Isabel entrarla al altar. Se casa en diciembre.

¿Quién sabe?

Si viviese Jorge, sería él.

¿Quién sabe si llegaré?

(Sí, lo hice, y aunque la emoción me dominaba pude caminar erguido, y hasta vals bailé esa noche.)

Un sábado, esperando a Graciela

En la vejez al no estar la vida orientada por uno hacia la meta de nuestro propio proyecto es como si se liberase de uno y pudiera andar más a sus anchas. Qué extraño es esto.

1 de junio

Hicimos con Elvira un viaje al norte que me renovó. La gente del interior vive en su silencio una vida tan a contrapelo del progreso que infunde respeto, veneración. Son descendientes de culturas aborígenes.

Sus caras arrugadas, arrugadísimas, surcadas por las inclemencias, por la austeridad con que se ha vivido, y por esa bondad resistente y callada que prevalece en los gestos, y se refleja en sus caras.

Frente a los hombres y mujeres con los que nos hemos encontrado en las zonas más apartadas del país, uno se pregunta a qué llamamos sabiduría.

Ellos prácticamente no hablan, quiero decir no polemizan. Esto también pasa con los años, a medida que se envejece uno tiene menos ganas de «discutir», de dar «razones». O se nos cree o no.

La experiencia la da la vida, no los argumentos. En el campo, en las aldeas del interior, el viejo no argumenta, él es testigo de la vida. Su testimonio es esa vida que uno ve en él, entre sus arrugas y su andar agachado.

Creo que éste es el conocimiento sapiencial. Es haber gustado la vida, su dulzura, su éxtasis, y su dolor, su agriedad.

Por eso el testimonio está más cerca de la literatura, de la narración, que de la explicación. No es lo razonable, es aquello por lo cual hemos vivido.

El testigo se vuelve creíble si está implicado en lo que narra.

Es su vida la que está contando aunque cuente la vida de otros. Quiero decir, hay una tradición de la cual él es testimonio. La palabra testículo tiene el mismo origen que testimonio. Dicen que en la antigüedad el hombre ponía su mano sobre sus testículos en prueba de su palabra. ¡Qué bárbaro!

El maestro, el testigo, el sabio, hablan de su experiencia.

Los otros, los científicos, los filósofos hablan desde el conocimiento. A ellos no se les exige que su vida lleve impresas, tatuadas, las marcas de aquello que expresan.

La experiencia no nos permite solucionar problemas, pero sí encararlos hasta padecerlos también nosotros. Porque la experiencia, paradójicamente, no se hace, se padece.

No es lo vivido por nosotros, sino más bien en nosotros, en nuestro propio corazón.

La experiencia nos transforma. No sé si a todos por igual. Hay quienes son más sensibles que otros. Porque cuando la experiencia es honda es una metamorfosis. Lo que ya se conocía, lo que se afirmaba hasta ese momento, de alguna manera muere.

La experiencia es la marca de las transformaciones que nos han sucedido, por el amor, el desengaño, las traiciones y fidelidades, el dolor, la gratitud.

Siempre es subjetiva, no puede probarse, su valor es únicamente testimonial, porque sólo la información se constata, no la experiencia.

La transformación sucede bajo tierra, por así decirlo. Se expresa, se la siente en los actos que van jalonando una vida, en los rasgos de los rostros, en ciertos gestos en que aparece el alma.

Apenas la literatura, la narración puede contarla.

Desde la Fundación estamos trabajando en un proyecto que se llamará «Memoria de América», y en el cual quiero dejar expresada mi admiración por este modo de vivir sabio y pobre.

Un testimonio importante de esa parte de mi país y de este continente, que hemos ignorado y explotado; y que aún sigue resistiendo con una grandeza que avergüenza.

Es esta vergüenza la que puede salvarnos.

Uno mira en silencio las pocas cosas con que viven: morteros, yerberas, mesas rudimentarias, casitas de santos, bateas.

Uno las mira en silencio, no hay qué decir. Insignificantes, pero ¡cuánta poesía hay en ellas!

De cada una se podría contar una historia.

Sí, nace en uno el deseo de escribir, tan manifiesto es su carácter ontofánico.

Quiero que nuestra Fundación pueda ayudar en

lo que podamos, para que no se pierdan estas antiguas y valiosas culturas.

Es tremenda la desaparición silenciosa de tantos pueblos.

Leyendo las cartas que han llegado en estos días

Me piden que volvamos a presentar el *Romance*.

La creación de esta obra en común con Eduardo Falú fue una de las más conmovedoras experiencias de mi vida literaria.

En la novela *Sobre héroes y tumbas* relato la tragedia del General Juan Galo de Lavalle, descendiente de Pelayo y Hernán Cortés, héroe de la Independencia, que después de pelear en ciento cinco combates muere en el curso de las cruentas guerras civiles que asolaron nuestra patria en la primera mitad del siglo XIX.

Mientras escribía esas páginas e intentaba transmitir algo de aquella tragedia homérica, pensé que el asunto era apropiado para retomar la antigua tradición de los Cantares de Gesta. Idea que fue madurando en mí hasta que en 1964 tuve la intuición de que ese cantar sólo podría lograrlo con la colaboración de Eduardo Falú, una suerte de trovador de nuestro tiempo.

Lo llamé para explicarle mi proyecto, y él lo acogió con extraordinario entusiasmo. No había por aquel entonces ningún precedente, circunstancia que me preocupaba y me inclinaba a pensar que mi proyecto era desatinado. Fue entonces decisiva la cercanía de Falú, su fervor y su instinto musical. Ese instinto infalible, como el de las mulas durante la noche, bordeando los precipicios, no dan un solo paso en falso. Gracias a esa confianza infundida por él es que me decidí a la empresa, y encontré fuerzas para llevarla a cabo.

Pude entonces descubrir con admiración ese manantial de música, que nace en recónditas regiones de su espíritu para brotar entre sus dedos. Esa música que iba manando a medida que yo le hablaba de Lavalle, de sus desdichas, de sus sentimientos probables en tal o cual parte de la funesta retirada final, de sus recuerdos de infancia en medio del infortunio, de la nostalgia de sus campos sureños en los momentos que preceden a su muerte, cuando ya sabe que jamás los volverá a ver.

Hemos hecho infinidad de veces el *Romance de la muerte de Juan Lavalle* ante gente de toda laya, desde intelectuales hasta peones analfabetos, e invariablemente he sentido el corazón de todos ellos encogido por la música de este hombre. Una música que jamás he oído repetir, que siempre, como sucedía con Louis Armstrong, es nueva, sutilmente distinta, que parece conservar en su magnífica voz la frescura de ese poético manantial de montaña.

Hemos sido amigos toda la vida. Cuánto he disfrutado de sus cuentos salteños, y también, de su sabiduría.

12 de junio

La Fundación que lleva mi nombre fue aprobada ayer por la Inspección de Justicia.

Quiero poner todo el ánimo que me quede de vida para llevarla adelante, y quiero que cuando yo no esté sigan ustedes trabajando en ella y la conviertan en uno de los mojones en la historia de la reconstrucción de nuestro país.

Mi deseo es que los jóvenes puedan trabajar junto a nosotros apoyando a los más chicos que viven desamparados y desnutridos. Que encuentren en el trabajo social una alternativa sagrada frente al desempleo y a la incertidumbre. Es un grano de arena, entre los muchos que se dan hoy en la Argentina. Siento que es una manera de ir creando otra cultura.

Es lo poco que puedo aportar frente a tanto sufrimiento.

Hice prometer a Elvira que se ocupará de sacarla adelante.

Quiero agregar que en este tiempo la Fundación ha crecido y ya son más de mil los chicos y jóvenes que van a los fogones. También hemos hecho la primera compañía cultural itinerante que dirigió Alejandro Musich, y con la cual recorrimos pequeñas y alejadas poblaciones del noroeste del país, llevando títeres, teatro, libros y varios talleres.

Creí que no aguantaría semejantes viajes por caminos de montaña. Pero por el contrario gocé este itinerario que me recordaba a los teatros ambulantes. La gente del interior, como ya lo he dicho, lleva una vida serena, más humana.

Hacía calor afuera pero dentro de las casas de adobe el fresco era muy agradable. En Catamarca, al borde de los Andes, pasamos horas conversando con viejas tejedoras. Al salir una tarde, le pedí la llave y nos miraron desconcertados: «acá no tenemos, no hace falta».

El año próximo, la Compañía Cultural irá por las tierras guaraníes. Ya nos han visitado sus ancianos. Espero ir.

El proyecto «Fogones» de ningún modo puede realizarse sin la importante ayuda que nos brinda el pueblo español a través de la Agencia Española de Cooperación. Enorme apoyo de Javier Calviño.

También estamos preparando algo con Filmus.

Ayer sucedió algo que me lleva a interrumpir la cronología de los hechos.

El Príncipe de Asturias venía a la Argentina y quiso venir a visitarme. Su gesto me produjo una gran alegría.

Vino directo del aeropuerto. El barrio nunca había visto el despliegue que precedió a su llegada ni oído tanta sirena. Pero en cambio, cuando llegó se comportó con una sencillez, una llaneza como sólo lo sabe hacer un gran rey.

Y en ese clima de amistad transcurrieron las dos horas en que estuvo en casa.

Hablamos de literatura, miró mis cuadros y recorrió esta vieja casa, con su mirada limpia y sensible. Me gustó profundamente su manera de ser.

16 de junio

Los periodistas quieren entrevistas; pocos se dan cuenta de que ya tengo demasiados años para seguir trabajando todos los días. ¿Qué les podría decir que no haya dicho ya?

No, ahora prefiero esto, día a día, o gota a gota, a cuentagotas, dejar estas huellas, estas palabras que me van saliendo.

Cuando siento que me falta tanto de lo que gocé en otras épocas, me queda esto, agarrar un papel o sentarme a mi vieja máquina de escribir, vieja y compañera, y anotar esto, esto quizá sin importancia, pero que me hace sentir reunido con los anónimos y sin embargo, por algún misterio, cercanos lectores que estos papeles tendrán.

Jueves 27

El lunes cumplí 91 años.

Gladys me hizo el chocolate y los pastelitos. Elvira, que había ido a visitar a su nieta Hannah, de Ezeiza, vino para casa con su felicidad de abuela. Al rato llegó Clodión. También gente del barrio y alumnos de una escuela.

El teléfono no paró de sonar. Hablé con monseñor Casaretto, con el doctor Leiguarda. También llamaron Dellorme y Rovegno, ellos son mis médicos, los que me ayudan a andar bastante bien a pesar de mi edad tan avanzada, como se dice.

Por la tarde llegaron los amigos de siempre: Graciela Molinelli, Silvina Benguria, Ana María Novick, los Reboiras, Chiquita Constenla, Marta Nanclares, Daniel Elicabe, Sabransky, los Soni.

Y mi familia, todos mis nietos vinieron, algunos hacía mucho que no los veía. Mercedes me presentó a su novio que me gustó mucho. También estuvieron Guido y Juan Sebastián que se han dedicado a la música; tienen grandes condiciones.

Gla me preparó la sorpresa de unos mariachis.

Junio

El hombre, siempre lo he dicho, no puede vivir sin esperanza.

Sin un ideal, sin una tierra prometida, no se puede vivir.

No sé si Dios existe, y, como Sartre y Camus, no creo que sea éste un tema secundario, pero indudablemente existe el ansia que siente el corazón del hombre por su existencia.

Elvira me está leyendo pasajes de la obra de Jon Sobrino.

Sobrino es un jesuita que vive en medio del desamparo y la miseria, una actitud que honra y salvaguarda al cristianismo. Habla de la santidad de vivir, que él reconoce entre la gente de El Salvador en los días que siguieron al devastador terremoto. Copio:

> En medio de la tragedia la vida sigue pujando, atrayendo y moviendo con fuerza. El desfile de gentes, caminando en vehículos muchas veces destartalados, de mujeres con bultos en la cabeza y niños agarrados de las manos, es la expresión más fundamental de la vida y del anhelo de vivir, como con gran dramatismo lo hemos visto en los Grandes Lagos. Esa vida surge de lo mejor que somos y tenemos. Gente pobre, a veces muy pobre y con muy pocos conocimientos, pone todo lo que es y tiene al servicio de la vida, y lo hace porque con frecuencia no le queda mucho más. Pero, a pesar de todo, se hace presente el encanto de lo humano.
>
> Y en esta solidaridad primigenia siempre e indefectiblemente está la mujer como el referente primordial de la vida: cuidando de los niños entre escombros, haciendo y repartiendo lo que hay, siempre con su presencia, sin claudicar, sin cansarse. Es el referente último, insustituible e indefectible, de la vida que no falla. No son el «pastor del ser» (si se me permite recordar a Heidegger en este momento), pero son «quienes toman la vida a cargo».

La convicción de que otro mundo es posible es condición para poder acercarse a los límites del sufrimiento humano. Que es posible que otro mundo pueda surgir entre los hombres, por utópico que nos parezca. Sin esta fe en otro mundo posible, humano, más justo, más fraternal, no podremos resistir.

Sin esta convicción nos entregaríamos a salvaciones individuales, algo aberrante y además inútil, dado que estamos viviendo una tragedia que nos afecta a todos como humanidad.

Para poder luchar, aunque no veamos el horizonte, tenemos que creer en él.

Al otro día

Habíamos ido al cine. A la salida, entrada la noche, nos quedamos parados mirando a los cartoneros.

Yo sabía que la ciudad de Buenos Aires recibe multitudes de cartoneros por las noches. Son hombres solos o familias enteras que revuelven la basura. Se llevan en sus carritos cartones, papeles, una lata, o vaya a saber qué.

Luego lo venden por monedas. Así sobreviven a la espera de un trabajo.

¡Qué vergüenza lo que han hecho con nuestro país! ¡Qué tristeza!

29 de junio

Me recuerda Elvira que hoy se celebran las Noches Blancas en San Petersburgo.

Llevo años deseando no morir sin conocer aquella ciudad.

Me he quedado mirando mi biblioteca.

¡Cuántos libros he leído que no volveré a abrir! Es triste.

Miro a esos escritores que fueron verdaderos compañeros de camino. Toco los libros como si por tocarlos me fueran a escuchar.

Y qué cantidad de libros esotéricos que he leído. La pasión que tuve por estos temas, casi incomunicable. Estantes enteros de libros sobre el Mal, sobre los poderes sobrenaturales, sobre sonambulismo y las alucinaciones. Sobre algo tan misterioso y revelador como las premoniciones. El Infierno, la Cábala, las religiones orientales, los cultos gnósticos.

Hace años que no puedo leer, ya he olvidado todo aquello que había aprendido; y lo que es más fuerte aún, ya no tengo aquella ansia por conocer. Sin embargo sigo gozando cuando me leen.

Estuvimos leyendo a Héctor Tizón. Y pienso en Yala, el pueblito natal de este gran escritor. Hablamos de su obra y recuerdo que en *Fuego en Casabindo* narra el descenso de Ulises a los infiernos para señalar de ese modo el sitio donde se encuentra su provincia. De esta primera obra, Tizón deambula con enorme talento entre el pasado y el presente, entre los mitos occidentales y el silencio antiguo de los pobres de la puna.

Tuve ocasión de verlo hace poco, pero había mucha gente y no pude hablarle de mi admiración. ¡Cuánto lo lamento!

Un día muy lluvioso

Hoy es de esos días de invierno que nos hacen sentir que jamás volverá el verano.

Muy a menudo recuerdo el viaje por España. Yo creí que ya estaba «descatalogado», archivado, que ya nadie me leía. Fue muy alentador para mí encontrar tanto fervor y cariño.

En las conferencias seguramente una cantidad eran argentinos, pero había también muchos españoles.

Pienso a menudo en todos ellos. Los españoles no parecen tener la angustia metafísica de los argentinos, quiero decir del argentino común, del argentino por serlo. Mejor dicho, del porteño, del hombre que vive en un puerto. Aunque ¡la Pampa!, ¡la Patagonia!, ¡los Andes! ¡Qué inmensidad! ¡Cómo no habrían de ser metafísicos!

¿Cómo quedar contenidos entre tanta intemperie?

Otra tarde

Desde hace años Diego colabora conmigo. Sé que es capaz de entregar notables esfuerzos a la necesidad de seres desconocidos y acuciados por el dolor o la desgracia. Es inteligente y talentoso.

Quizá la condición de escritor me lleva a imaginar más allá de lo que conozco. Por ejemplo, sabiendo de su vocación teatral, esta mañana mientras lo veía trabajar en casa, me entretuve largo rato imaginándolo en los inicios del teatro griego. Lo hacía organizando con fervorosa severidad los ditirambos en homenaje a Dioniso. Entre sátiros y demonios del bosque, Diego estaba en su salsa. Va a triunfar en eso del teatro.

Julio

En mi niñez tuve pesadillas terribles. También alucinaciones y sonambulismo, más o menos hasta los doce años. Las pesadillas fueron disminuyendo porque la literatura de ficción me ayudó a liberarme de algunas de las obsesiones más terribles.

Mi infancia la recuerdo oscilante y entre la lucidez diurna y las pesadillas, alucinaciones y terrores nocturnos. Fui sonámbulo y sufrí mucho en ese período soñando despierto. Por eso me interesa la novela más que el «pensamiento puro».

He sido siempre de un carácter terrible, violento, propenso al enojo, a la furia.

En cambio, en la vejez me voy serenando.

Tengo que escribir algo sobre el carácter de los artistas.

10 de julio

Fuimos a ver a Mercedes Sosa. Era su cumpleaños y era la Fiesta Patria. Cantó el Himno como jamás se haya podido escuchar.

(Quiero pedirle la grabación.)

En la voz de Mercedes hay misterio, dulzura, belleza, melancolía, pero también desgarro de hombres, orfandad de niños, urgencia de justicia, revoluciones necesarias, posibles utopías.

Es tan hermosa su voz que es inimaginable.

A mediados de la década de los sesenta yo buscaba una voz femenina para la vidalita del *Romance*. Un día Eduardo me dice que hay una jovencita que podría interpretar la vidala. Fue así que una tarde, en medio de la grabación, llegó al estudio una chica aindiada que, con profunda timidez, nos acercó un disco suyo para que la escucháramos. Con mi impaciencia de siempre le dije que cantara en ese momento. Me parece estar escuchando ahora mismo los graves acordes de la guitarra de Falú y la dolorosa melancolía de esa indiecita cantando: *Palomita blanca / vidalitá / vuélvete a tu nido / y hallarás la sangre / vidalitá / de mi pecho herido.*

La extraordinaria trayectoria de Mercedes Sosa corrobora lo que sentimos todos los que estábamos presentes esa tarde en el estudio.

A lo largo de todos estos años, junto al formidable talento de Mercedes he admirado siempre, además, su coraje para hacer de su voz un instrumento mediador de tantas personas silenciadas por la violencia, la injusticia y el desamparo.

Por la noche

He estado mirando un libro sobre María Zambrano que me mandó César Antonio Molina.

Siempre hacía el chiste —que posee su rigurosa verdad— sobre cómo la compra de mi primer auto terminó con mis conocimientos filosóficos, mayormente ferroviarios.

Pero a María Zambrano la leí con profundo interés. Siempre he creído que la mujer no es afín a la abstracción. He escrito hace años que el hombre, científico o filósofo, persigue las ideas puras y abstractas, esos misteriosos entes que no pertenecen al mundo vivo, al confuso mundo de las vidas y las muertes, de los dolores y las emociones, sino al frígido universo de los objetos eternos.

También he escrito que ha habido mujeres descollantes en las letras y en las artes pero no en filosofía, debido no a la incapacidad de la mujer para la abstracción sino a su indiferencia, a su rechazo. Victoria Ocampo se enardecía con mis pensamientos en lo que se refería a las mujeres. Las cartas que intercambié con ella, ése sí que sería un bocado para las editoriales, pero no sé dónde están.

Sonia Kowaleska, la notable matemática, me había ayudado con sus escritos a apuntalar mis pensamientos. Pero María Zambrano me los tiró abajo, a menos de principio, dada su condición de gran filósofa; aunque para mí ella es más bien una poeta, o una poeta filósofa.

Ella busca una racionalidad enraizada en la vida, en lo vital.

Le he pedido a Elvira que vuelva a leerme aquellas páginas de su obra que me apasionaron, como su «conocer padeciendo». María habla de la «razón entrañada» que ha de tener su raíz en «los ínferos del alma». ¿Cómo no considerarla una gran poeta?

Hay un escrito sobre ella de Cioran, el admirable Cioran. Recuerdo el afecto con que me recibió, en Metro Odeón, donde vivía.

Domingo por la tarde

Juego con los colores con que jugaba de chico. A veces miro una juguetería, ¡qué escándalo son!

Yo no tuve juguetes, no supe andar a caballo, me criaron como si fuera la mujer que mis padres no tuvieron. He debido quedar imaginando. De joven era tímido y me sentía feo, cruzaba a la vereda de enfrente si aparecía alguna chica. El estudio me descansaba.

Lunes

¡Tanta gente ha muerto!

Me he puesto a reír, claro, lo único seguro.

Ni bien me descuido ya estoy pensando en la muerte. Ya estará cerca. Miro el cuarto a mi alrededor para ver por cuál de las puertas entrará.

Hace años pinté un cuadro que se llama *La visita*. Es la Muerte como una mujer con una valija en la mano. Está muy arreglada pero su cara es una calavera.

Hasta ahora los análisis han dado bien, pero estoy

muy entrado en años, como se decía antes. Cuando me avisan que han salido bien pienso: entonces, ¿por qué puerta entrará?

No le tengo miedo, sólo me da tristeza.

No poder seguir con los que quiero. Con Elvirita, Gla ¿qué será de la vida de Gladys cuando yo no esté?

Lloro cuando lo pienso, ahora no me da vergüenza llorar.

Más tarde

Muy a menudo escucho *El tiempo de los gitanos* la música que Goran Bregovic compuso para la película de Kusturica.

Cuando estuvieron en Buenos Aires nos invitaron pero yo pensé que no podría resistir el volumen de la música, y no fui y me arrepiento, porque es una música que siempre que la escucho me recupera, me salva de la depresión.

Pero a Kusturica sí lo conocí, estuvimos un largo rato juntos. Me gustaría volver a saber de él, quizá quiera trabajar con nosotros en la Fundación. O encontrarnos, quién sabe.

Bregovic me ha escrito una carta formidable.

Su música me recuerda los gitanos en mi pueblo, las hermosas mujeres con sus polleras anchas, las trenzas cayéndoles por debajo de sus pañuelos de colores. Me recuerda aquel tiempo en que los gitanos llegaban con sus viejos carromatos a la plaza España de Rojas, cuando todavía yo era un niño. Allí los hombres ofrecían sus alfarerías y sus cestos de mimbre, y las mujeres hacían gala de sus artes adivinatorias, revelando el destino, diciendo la buenaventura a quienes les extendieran sus manos. Otros permanecían alejados, mirando con recelo y desconfianza. Recuerdo también el temor que tenía mi madre; ese prejuicio. Pero para nosotros, para los niños que éramos entonces, aquellos gitanos representaban un universo enigmático que nos atraía. No podíamos entender el temor de los adultos que a menudo los trataban de ladrones y mentirosos. ¡Qué injusto era eso! Y qué injusto me sigue pareciendo ahora cuando pienso cómo los gitanos han sido salvajemente expropiados de sus tierras, hasta sufrir la vejación de sus mujeres y sus niños.

Me vino a la memoria mi hermano Pepe.

Él se escapó de casa en unos carromatos de circo. En el pueblo le llamaban el «loco Sabato», para mí fue admirable. Siempre lo recuerdo en su obstinado romanticismo.

Sigue la lluvia

Siempre he creído y dicho que los personajes verdaderos surgen del corazón del artista.

Últimamente, algunos de ellos, subrepticiamente se me «apersonan» y me ganan la cancha. Quiero decir, mi personalidad se ve inclinada por éste o aquél, con simpatía o rechazo profundo. Aunque los años, como lo decía el otro día, me han hecho pacífico, de una serenidad antes desconocida para mí.

16 de julio

Me siento en falta cuando veo cómo me quiere la gente, cuando siento el fervor de los muchachos, de la gente grande, muchos de los cuales habrán sufrido tanto o más que yo.

He vivido en un tiempo histórico de ruptura y tan viejo soy, que hay en mí distintos sedimentos, como en las montañas. Así, todavía guardo de mi juventud las marcas de las luchas sociales.

Pienso que los chicos me querrán porque nunca dejé de luchar, porque no conseguí instalarme en ninguna época, y hoy, trastabillando, me siento cerca de la gente que aprendió a vivir de otra manera.

Y muy cerca de los jóvenes que después de este horror de mediocridad, indecencia y ferocidad, pujan por nacer a otra cultura que vuelva a echar raíces en un suelo más humano.

Vino Marinita a almorzar.

Hablamos de México. Ella ha estado allí varias veces, por la ciudad pero también por su genuina admiración por Frida Kahlo.

Pero su pintura no se le parece. Marina es muy original: sus cuadros son inocentes y candorosos, pero trágicos. Increíblemente poéticos.

Tiene grandes posibilidades.

19 de julio

Hoy Elvira llamó por teléfono a Roa Bastos. Hacía tiempo que no sabíamos de él. Nos dijo que le habíamos dado una gran emoción. Nos repetía su agradecimiento. Es increíble lo solo que está, este hombre tan valioso.

Roa es de los más grandes escritores del habla castellana. Admiro la belleza de su idioma tanto como la humanidad que expresa.

Roíta, como lo llamábamos hace más de cincuenta años cuando vivía pobremente en Buenos Aires. Entonces nos veíamos a menudo. Él participó de joven en la guerra del Chaco y ese acontecimiento desolador fue el germen de su literatura, de su compromiso con la vida.

Roíta ha vivido prácticamente en el exilio pero el vínculo con sus ancestros ha sido tan hondo que sus novelas, escritas en el destierro, acontecen dentro de la gran cultura guaraní.

Más tarde

A diario sigo recibiendo cartas. Hoy la de un chico de Santiago, de una mujer en esa edad de la vida en que ya se ve el final; y la de la querida Núria:

Queridísimo Ernesto:

¡Qué alegría que hayas pensado en mí para colaborar en la Fundación! Proyecto magnífico y desesperado a la altura de tu magnífico y desesperado país.

Nos han llegado a través de la televisión imágenes espeluznantes de vuestros niños, idénticas a las que desde hace décadas nos manda África sin que se nos mueva un pelo de la cabeza, sin que lleguen a los durísimos corazones de los que manejan la distribución de la riqueza en el mundo. Ver a vuestras criaturas en tal estado, con un fondo que me es familiar y que amo tanto, me tiene en un estado de depresión y culpabilidad enorme.

Así pues, cuenta conmigo para lo que yo pueda hacer y apostar. En fin, todo lo que se os ocurra yo trataré con toda mi alma de conseguirlo.

Gracias de nuevo.

Ernesto, sabes de mi cariño, mi respeto, mi agradecimiento por el *Informe Sabato*. Ahora, tan joven y valiente como siempre, te metes en esta belleza de proyecto.

¿Quién puede no responder?

Un gran beso,

NÚRIA ESPERT

Sábado

Ayer Titi nos llevó hasta Puente Alsina, el de «la vieja barriada».

En ese lugar apartado y pobre, cuna de tangos, tocaba uno de los grandes pianistas del mundo y amigo entrañable, Miguel Ángel Estrella.

Fue una noche memorable.

3 de agosto

Diego me estuvo leyendo el diario. Desde hace mucho tiempo, o mejor decir, desde que los diarios existen, leer es una experiencia angustiosa, enfermante, que nos puede hacer intervenir en la historia de la comunidad, o nos tira a una depresión sin fondo.

Problemas. Muertes. Corrupción. Tragedias. Asesinatos. Robos.

Veo que en México la injusticia y el desamparo de los indígenas sigue como hace años, como siempre, desde la Conquista.

El Subcomandante Marcos cuenta que la vida de los indígenas de Chiapas no mejoró. La marginación, la explotación y el desprecio perduraron del mismo modo que un lento exterminio ejercido esta vez por los grandes terratenientes, explotadores de café o de cacao, apoyados por bandas de asesinos a sueldo y por milicias paramilitares. El Subcomandante Marcos fue de los primeros en rebelarse contra la mundialización.

8 de agosto

Siento el tiempo con dolor.

Cuando me encuentro con alguien siento al despedirme una exagerada melancolía. También ante los paisajes. Cosa extraña, yo nunca he sido tan sensible a la naturaleza; es como si hubiese pasado de vivir dentro de una pintura *fauve*, goyesca, o de Munch, y ahora me estuviese convirtiendo en un cuadro de apagada melancolía.

No siempre, claro.

Y ya no escribo por horas como antes. Hay días que sí, pero otros, apenas dejo unas palabras escritas y después voy dictando.

¿Para qué seguir? No sé. Y sin embargo, me obsesiona lo utópico. A estos años es lo que me importa. Digo más, es lo único por lo que vale la pena escribir.

11 de agosto

Fuimos al teatro San Martín, ese teatro tan magnífico, que nunca envejece.

Además tiene la idiosincrasia de ser un teatro «cercano», la gente lo ha adoptado, no es el grupo que siempre los frecuenta, no, al San Martín suele ir la gente no habitual de los teatros. Por alguna desconocida razón la gente lo hizo suyo, le perdió ese temor que suelen dar los teatros a quienes no los frecuentan.

Algo así pasa en la Feria del Libro, donde va la gente que normalmente no entra en librerías, es como parte de una fiesta, allí también se rompe la distancia que separa a la mayoría de la gente de una librería.

La obra que vimos es *Copenhague* de Michael Frayn, y narra el encuentro que tuvieron en esa ciudad Niels Bohr y Werner Heisenberg, dos de los científicos que contribuyeron a la fisión del átomo y la mecánica cuántica, descubrimientos que posibilitaron la realización de la bomba que estalló luego en Hiroshima y Nagasaki. Un hecho vinculado decisivamente a mi vida.

Cuando trabajaba en París en el Instituto Curie, fui parte de la lucha entre los laboratorios más importantes del mundo para lograr este objetivo, y me separé de las ciencias por la irresponsabilidad criminal de estos científicos.

Esta obra me estremeció.

¡Me trajo tantas memorias!, en verdad la obra sucede tan cerca de lo que yo viví, que temblé. Al principio creí que soñaba. Como una vuelta hacia atrás, sesenta años de golpe. Me parecía verme dentro de la obra.

En el programa veo que citan una frase de Einstein que dice: «No sé cómo será la tercera guerra mundial, pero la cuarta será con palos y piedras.»

Mi paso por la ciencia estaba allí al alcance de mi mano, hasta llegué a comprenderme mejor. A comprender mi abandono de la ciencia, habiendo llegado a un lugar tan importante, y los motivos éticos que influyeron sobre mí, y determinaron mi decisión.

La dirección es de Gandolfo. Actúan Segado, Berdaxagar y Gené.

La obra revela esas pequeñas cosas donde se juega lo que creemos que se juega en las grandes.

Precisamente los dos o tres gestos en torno a los cuales gira la vida entera de los protagonistas. Y también lo inexplicable de esos gestos.

En verdad muestra lo incomprensible que somos nosotros, para nosotros mismos.

¡Qué lejos de la difundida ilusión de Hegel de dar explicación de la existencia entera, la propia y la de la historia! ¡Qué delirante es el hombre!

Hace falta vivir años para darse cuenta de esto.

Hay un fondo de indeterminación, ese ¿por qué hice esto y no lo otro?, que jamás se llega a responder. Y que, paradójicamente, es lo que la engrandece.

Mirando la obra se nos hace patente la vida que hay detrás de cada teoría. ¡Y de estas que parecen tan científicas, tan desencarnadas!

No es así, aun aquello que nos parece más abstracto, más matemáticamente perfecto, y por lo tanto, alejado de las vicisitudes de la carne, está imbuido de la vida de quien se entregó en su conocimiento, en su búsqueda.

Las grandes teorías no son más que los intentos de desentrañar la razón de ser, el sentido de lo que nos atormenta; y nos llama a adentrarnos en un determinado camino, concreto, diría, por muy abstracto que parezca.

Otro día

No puedo abandonar la obra *Copenhague*.

He quedado pensando que todo lo hacemos para tratar de conocer lo que ninguno llega a conocer, lo más interior a cada uno, eso que algunos llamamos alma. Puesto que lo peculiar del ser humano no es el espíritu puro sino esa desgarrada región intermedia llamada alma, región en que acontece lo más grave de la existencia y lo que más importa: el amor y el odio, el mito y la ficción, el sueño, la esperanza y la muerte; nada de lo cual es espíritu puro sino una vehemente mezcla de ideas y de sangre. Ansiosamente dual, el alma padece entre la carne y el espíritu. El arte —es decir, la poesía— surge de ese confuso territorio y a causa de su misma confusión.

Todo nos es finalmente misterio.

Heisenberg lo llega a decir. Algo así como que uno puede conocer todo menos ese punto original, lo más íntimo, desde el cual uno es uno mismo.

A ese punto no se llega.

Se puede ver el río, pero jamás su fuente.

En la obra, ese misterio, esa oscuridad, esa incomprensión decisiva en la vida de Bohr, es ese instante en que el hijo cae al agua y él no se tira. Tira el salvavidas, y por un instante y por un centímetro, el hijo no puede aferrarse al salvavidas y muere, ¿por qué?

La vida no le alcanzará para darse razones, para comprenderse, y el resto de sus actos, lo demás de la vida dependerá de este enigma.

Esos dos hombres, luchando con la memoria, con la reconstrucción de sus vidas.

Pero todo son aproximaciones, reconstrucciones.

Es paradójico que la ciencia misma, ciencia «exacta», tiene como teorías últimas la «relatividad», o aquí: «el principio de indeterminación». Dos palabras que nos hablan de la imposibilidad de lo exacto. De un conocimiento que, aplicado sobre todo a la existencia, es mera «complementariedad», en palabras de la teoría de Bohr, nada menos.

Ellos, Heisenberg y Bohr, dicen sobre el final de la obra: «la oscuridad dentro del alma humana», «oscuridad final, total», y agrega con sabiduría Margarethe Bohr: «todo es personal».

A lo que se responde: «nunca se puede saber todo sobre una partícula».

Es una verdad tremenda, un abismo que hace a lo más grande del ser humano.

El final es como la apuesta de Camus por imaginar y aceptar un «Sísifo feliz». Aquí todo terminará en oscuridad, nada llegará a saberse, sólo momentos, vislumbres aislados, tanteos.

Pero «mientras tanto» se puede amar la vida, la vida y su incertidumbre: el misterio que la preserva.

Quiero copiar lo que se dice al final:

> Y mientras tanto, en este muy preciado mientras tanto, ahí están, los árboles del parque, los lugares amados, nuestros hijos y los hijos de nuestos hijos. Preservados, probablemente por aquel breve momento en Copenhague. Por algún acontecimiento que nunca será localizado o definido del todo. Por ese último núcleo de incertidumbre que subyace en el corazón de todo lo que existe.

Pero no todos estamos en este «mientras tanto», algunos, millones, ya viven en un infierno.

Una tarde

Estaba triste, apagado, con la melancolía del atardecer.

De pronto llega Elvirita, como un sol que traspasara mis tormentas, o me las transformara en un cuento, hasta serenarme, hasta encontrarme lleno de energía.

Abrió las ventanas de par en par. Llovía levemente, y la vida parecía otra. Un olor a jazmines, a retamas, a las madreselvas de mi niñez.

Al rato salimos a caminar. Me enternecía la gente, cada uno con su vida a cuestas. A la vuelta de la esquina un hombre se acercó a saludarme, y quedamos hablando de los vecinos de Santos Lugares, de los oficios que no existen más.

Los dos recordamos con nostalgia los tiempos idos.

Su padre había sido carretero.

Vienen unos jóvenes a casa

Los sábados y domingos por las tardes vienen jóvenes a visitarme. Se fue haciendo una costumbre.

Me gusta acompañarlos en estos tiempos tan duros para la juventud. Para mí, ellos son de gran ayuda.

Hoy han venido varios de ellos a verme. Generalmente se quedan mirando mi escritorio, los libros; se sientan con timidez. Durante un rato nadie habla, nadie se anima, hasta que uno toma coraje y dice algo, entonces, los demás se atreven y no paran de hacerme preguntas.

Los jóvenes siempre han sido inclinados a discusiones infinitas. Y está bien.

Recuerdo que yo también de joven tuve interminables y apasionadas discusiones que solían ser violentas, incluso muy violentas. Los jóvenes ponen la vida en lo que discuten. Necesitan de ellas, de la afirmación de lo que creen.

El preguntarse es signo de angustia. El que confía no necesita respuestas; es la humilde esperanza de otro mañana. Eso dije en *Sobre héroes y tumbas*, y lo sigo creyendo.

La experiencia, tanto de logros como de fracasos, nos deja lo más simple y radical de la vida: la experiencia de lo contingente. De lo vulnerable que es la vida. La fragilidad.

Eso que los antiguos llamaban la experiencia de la finitud: el saber que se vive pero podría haberse no vivido.

Y es en esa fragilidad, en ese descubrimiento de la vulnerabilidad de la vida, es allí como uno se reconcilia con ella.

En los jóvenes veo la reserva de esperanza.

Vienen a mí con sus esperanzas.

Viejo, yo veo qué pocas de mis esperanzas se han cumplido, qué lejos está el mundo de lo que deseé, imaginé, y por el que luché.

Y sin embargo no reniego de haber esperado, de seguir esperando.

Se cumpla o no, creo que esperar tiene un valor, un sentido. Más allá del logro de lo esperado.

Que vale la pena desear, es lo que les repito a los jóvenes. Siempre les hablo de la esperanza.

Porque creo que hay un valor mayor que la posibilidad o imposibilidad de concreción de un deseo. Que es mantener vivo ese ideal. Independiente de los resultados. Quizá no se haya plasmado pero nos transformó a nosotros, nos hizo menos «realistas», es decir, menos cínicos.

Creo en la fuerza y la transformación que nos da el vivir con un ideal.

Los años traen la esperanza de haber pasado a otros esa utopía, esa antorcha, de ver que si el propio deseo de algo no se cumplió, sí se cumplió la posibilidad de mantener ese fuego del deseo para que otros lo lleven adelante. Ésa es la vida.

La esperanza, el ideal, es como un horizonte.

La vida siempre termina antes, pero lo que hemos recorrido ha sido un trayecto hacia un horizonte o hacia otro.

Y no es lo mismo uno que otro. Aquello que pusimos como meta, aunque no la hayamos llegado a cumplir, modificó nuestra alma, la moldeó y la expuso a la mirada de los demás.

Y es este trayecto hacia un horizonte o hacia otro lo que refleja el rostro humano.

19 de agosto

Quisiera morir como un hombre, como he vivido quisiera morir.

Quisiera que estuvieran entonces junto a mí quienes me han amado.

En la vida llevamos muchas máscaras. Cuando llegue ese día, ESA HORA, querría no ser engañado, entregarme o ser tomado por la muerte como he sido tomado por la vida.

Le pregunté si se quedaría a mi lado.

Cuando me ponga mal, ¿vas a estar?

Me dijo que sí y lloramos.

24 de agosto

Hemos recorrido los campos de la querida provincia de Buenos Aires donde nací. Esta vez fuimos primero a Saladillo; una multitud de miles me escuchó con fervor y me despidió con lágrimas. Sé que expresan un anhelo de ellos, una utopía que les pertenece, y que yo no lo merezco. Me sienten un Quijote. ¡Si supieran la culpa que tantas noches me impide dormir!

Me emocionan por lo que me quieren, pero también por lo dura que está siendo la vida en estos campos, que son de los mejores del mundo.

Después fuimos para el lado del Azul, donde di otra conferencia. Antes, a la caída de la tarde nos habíamos llegado hasta Pablo Acosta.

En ese silencio la vida pareció estar naciente delante de nosotros, en su belleza.

Paramos al costado de un camino, y tomé unos mates con Elvira y Antonio Tocino.

Veía a los hombres volviendo de su trabajo, sobre mi tierra. Me excedía el sentimiento. Era la hora en que los campesinos vuelven, la hora del Ángelus. De Millet o de Van Gogh. La hora que cuando yo era chico en el campo le llamaban «de la oración».

Sí, entonces, la gente decía cosas como «vuelvo a l'oración, doña Juana».

A diario

Escribo unas cartas a unos chicos y a dos señores muy mayores.

Apenas unas líneas parece que ayudan a alguien.

¡Qué desamparada está la vida!

También quiero escribirle a Silvio Rodríguez. Le dije que iría a Cuba y anduve mal de la hernia, y me quedé nuevamente sin ir. Él ya nos estaba esperando.

Y a Dolina que permanentemente nos ayuda desde la Fundación, y a Malena que me escribió una carta muy hermosa.

Estoy preparando la conferencia para Badajoz, la recomencé tres veces.

Sí, creo que he pertenecido a la literatura como un exiliado que sufre de una dolencia atroz e incura-

ble. La escritura ha sido para mí el medio fundamental, el más absoluto y poderoso que me permitió
expresar el caos en que me debatía. Me permitió li-
berar no sólo mis ideas, sino, sobre todo, mis obsesiones más recónditas. Lo hizo cuando la tristeza y el
pesimismo habían roído de tal modo mi espíritu
que, como un estigma, quedaron para siempre enhe-
brados a la trama de mi existencia. Porque fue precisamente el desencuentro, la ambigüedad, esta melancolía ante lo efímero y precario, el origen de mi
desesperada y absoluta entrega a la literatura. Puedo
afirmar que pertenezco a esa raza de hombres que se
han formado en sus tropiezos con la vida.

26 de agosto

Estoy cansado, preferí quedarme sentado en el bar
mientras Elvirita compra los óleos que me están fal-
tando. Me hubiera gustado ir, gozo de ese tipo de negocios que todavía hoy resisten y mantienen hasta un
olor que les es propio.

Pero no puedo. Me quedé en esta mesa mirando a
mi alrededor, distraídamente para que no se me acer-
quen.

Noto preocupación en la cara de los hombres. Seguramente por falta de trabajo, por diferentes penu-
rias y desgracias. Pero también porque es nuestra
idiosincrasia. Parecen ser lectores asiduos de Camus;
lo que les da una manera de ser grave, profunda pero
muy tremenda de sobrellevar. Como de Sísifos.

28 de agosto

En un rato llega Graciela.

Al borde de los viajes siempre me ha dado por los testamentos. Ella atiende con humor mis directivas sobre el cuidado de la casa, los cuadros, las diferentes personas.

Pero también a menudo nos encontramos con Graciela en algún bar.

Y siempre con Silvina, pero entonces en su casa. La pasta al dente, a la italiana, es de ley.

30 de agosto

Mañana salgo de viaje.

Quiero copiar un texto de Pessoa:

Me veo aquel que fui en la infancia, en aquel momento en que mi barco regalado se volcó en el estanque de la quinta, y no hay filosofías que sustituyan a aquel momento, ni razones que me expliquen por qué sucedió. Me acuerdo, y vivo; ¿qué vida mejor tienes tú para darme?

—Ninguna, ninguna porque yo también recuerdo.

¡Ah, me recuerdo bien! Era en la quinta antigua y a la hora de la velada; después de coser y hacer punto, llegaba el té, y las tostadas, y el sueño bueno que yo había de dormir. Dame esto otra vez, tal cual era, con el reloj tictaqueando al fondo, y guárdate para ti todos los dioses. ¿Qué es para mí un Olimpo que no me sabe a las tostadas del pasado? ¿Qué tengo yo que ver con unos dioses que no tienen mi reloj antiguo?

Tal vez todo sea símbolo y sombra, pero no me gustan los símbolos y no me gustan las sombras. Restitúyeme el pasado y guárdate la verdad. Dame otra vez la infancia y llévate contigo a Dios.

—¡Tus símbolos! Si lloro de noche, como un niño que tiene miedo, ninguno de tus símbolos viene a acariciarme el hombro y a arrullarme hasta que me duerma. Si me pierdo en el camino, tú no tienes una Virgen María mejor que venga a tomarme de la mano. Me dan frío tus trascendencias. Quiero un hogar en el Más Allá. ¿Crees que alguien tiene en el alma sed de metafísicas o de misterios o de altas verdades?

—¿De qué es lo que se tiene sed en esa alma?

—De algo como todo lo que ha sido nuestra infancia. De los juguetes muertos, de las tías viejas idas. Esas cosas son las que son la realidad, aunque se hayan muerto. ¿Qué tiene que ver conmigo lo Inefable?

—Una cosa... ¿Has tenido unas tías viejas, y una quinta antigua y un té y un reloj?

—No lo he tenido. Me gustaría haberlo tenido. ¿Y tú has vivido a la orilla del mar?

—Nunca. ¿No lo sabías?

—Lo sabía, pero creía. ¿Por qué no creer en lo que se supone?

—¿No sabes que éste es un diálogo en el Jardín del Palacio, un interludio lunar, una función en la que nos entretenemos mientras las horas pasan para los demás?

—Claro que sí, pero yo estoy razonando...

—Está bien, yo no. El raciocinio es la peor especie del sueño, porque es la que nos transporta al sueño la regularidad de la vida que no existe, es decir, es doblemente nada.

—¿Pero qué quiere decir eso?

(Poniéndole la mano en el otro hombro, y envolviéndolo en un abrazo.)

—Ay, hijo mío, ¿qué quiere decir nada?

En Madrid

El viaje fue muy bueno y ya por la tarde salimos a caminar. Bajamos por Alcalá y doblamos unas cuadras por la Castellana.

Sentí la alegría de la ciudad. En el viaje anterior los madrileños con los que traté me habían parecido más bien febriles, según la manera que tiene el capitalismo de sumar a toda costa, también las actividades. Pero ayer descubrí nuevamente su alegría, quizá porque vengo de un Buenos Aires angustiado.

Aunque por las calles ya no se encuentran tiendas de ultramarinos ni vendedoras de castañas ni turroneras, como las que me encantaron en otros tiempos, los madrileños parecen de buen vivir, a la manera provinciana. Cierto que ya no tienen aquella asiduidad con los teatros, y en Buenos Aires los hay en mucho mayor número; pero todavía la ciudad está colmada de pensiones y casas de inquilinato, todavía hay quienes levantan las persianas de los negocios a las diez de la mañana, y muchos siguen cumpliendo con su largo descanso y con sus tertulias de café, donde a los gritos hablan o discuten de política, de toros, de mujeres. A pesar de que ellos me dicen que todos están ahora pendientes de las hipotecas y de los euros. Que no ya de las «pelas».

A las cuadras no pude seguir andando. Fuimos en taxi hasta El Espejo, donde nos esperaban Hugo y Nicolás. Pedimos pinchos de tortilla, y después algo tan español como una buena paella.

Lunes

A la salida del hotel, en la vidriera de la librería Machado, vi un libro de Morandi. Lo compramos y me pasé la tarde embebido en sus cuadros.

¡Cómo es la vida!, siempre me pareció un genio, pero ajeno a mi temperamento tumultuoso. Ahora me llega al alma.

Es silencioso.

Por simple, por esencial es irrebasable, con la contundencia de la verdad callada.

En su tiempo estuvo fuera del «mercado», fuera de ese circuito de lo que aparece en público, y desaparece en quince minutos.

La obra de Morandi tiene la cualidad de lo que se gesta en lo oculto, como la tierra o la vida, y perdura por generaciones.

Cosa rara, llueve en Madrid

En el momento pensé que hubiera sido lindo haber tenido algo como La Casa Encendida. Tanto me gustó. Es un edificio cuadrado, con un gran patio central, con salas de teatro, exposiciones. Se podrían hacer muchas cosas, y seguramente Carlos Alberdi lo hará, como lo hizo en el ICI de Buenos Aires. Un buen amigo.

Pero es una fantasía mía el creer que me hubiera podido ocupar de que algo se llevara a cabo, concretamente y durante años. Quizá proyectos pero no gestiones.

En la Unesco duré tres meses, y creo que menos cuando estuve en Culturales de Cancillería. Jamás he podido hacer más de una cosa a la vez. Me he entregado tormentosamente pero sin distracciones a lo que creí mi vocación, mi destino.

Hemos tomado temprano el desayuno y luego volvimos al cuarto, quería descansar.

Elvira comenzó con sus mates, que también trae en los viajes. Así son las mujeres, si se las deja, llevan consigo la casa. También la música que más me gusta.

Escuchamos Smetana. El *Moldava* me emociona.

Por la tarde

Reunión improvisada en el hotel. Vienen Ana Gavín, Ricardo Martín, Rojo, la infaltable Fanny, Hugo y Tosar. Me sorprende que no hayan llamado Félix y Paquita.

Toledo

Estando en Madrid es difícil resistirse a la tentación de ir a Toledo. Me dijeron de hacer el trayecto en tren, pero preferí el auto, y luego me arrepentí. Las autopistas son cómodas y ligeras, ¡bueno fuese!, pero uno queda ajeno a los poblados, ni siquiera se atraviesan los campos, los desniveles están suprimidos y a las montañas se las pasa por dentro por un túnel iluminado y feo. Pero aun así reconozco que pude ver conjuntos de amapolas salvajes que crecen entre el cemento.

La llegada a Toledo es imponente, como la de Ávila.

Ella está clavada a la roca, arriba, como incrustada en la piedra. A esas alturas hechas de historia, de tradición y leyenda, impregnada de murallas almenadas. Ciudad pequeña, hermosa que se extiende en callecitas angostas sin ningún orden ni lógica, como un amable laberinto con paredones impensables, que suelen terminar en absurdas y empinadísimas escaleras.

Como una posta inevitable y preferida fuimos a casa del Greco. Y allí, mirando alrededor pensaba ¿se habrá parado acá?, ¿habrá mirado aquellos techos?, o preguntas similares a las que no puedo sustraerme ni bien algún detalle, alguna voz, convoca hechos o personas, reales o de ficción, que me atraen como lo más verdadero. Por momentos, y frente a los balconcitos de melancólicas molduras, no he podido resistirme a la idea de imaginar alguna toledana morena y de enigmática belleza causando los delirios de algún hombre.

Toledo y los protagonistas principales de su historia: el monumental gótico de su catedral, sus enormes naves, sus vitrales, sus místicas penumbras, la mozarábica capilla, envuelta en el misterio de sahumerios como el marco propicio a la aparición de algún personaje del Greco.

Luego, exhausto me senté en una símil taberna que encontramos en la entrada. Yo ya había perdido toda capacidad de elección y me sentí entregado a lo que viniera, pero contento de haber vuelto a caminar por Toledo. La última vez que vine creo que fue con Luciana, mi nieta, entonces una niña casi, y hoy mamá de Ignacio y Juana, mis biznietos. Ella es arquitecta y gozó mucho de ese viaje.

Por la tarde

Esta mañana terminé el discurso de Badajoz, algo así:

> Todos los filósofos y artistas siempre que han querido rozar el absoluto debieron recurrir a alguna forma de mito o de poesía. Así, Sartre y Camus terminaron por indagar sus intuiciones más hondas a través de los personajes de sus novelas y obras de teatro. Y es en su Cántico Espiritual donde Juan de la Cruz nos permite entrever la misteriosa existencia de Dios, de un modo más estremecedor que en el resto de su obra teológica.
>
> En nuestra época Von Balthasar advirtió la importancia del arte en la revelación del espíritu, y así, volúmenes enteros de su obra están dedicados al estudio de Dostoievski, Rilke, Trakl, como también a los desgarradores payasos de Rouault.

En esta sociedad que exalta la superficialidad, la competencia y el éxito, también el arte está contaminado.

Quiero terminar evocando con ustedes al Caballero andrajoso de La Mancha y su lucha contra los molinos de viento, porque revelan una dimensión del alma humana que pueda quizá ayudar a no resignar cuanto de humanidad hemos perdido.

Jueves, nuevamente en Madrid

Parados otra vez frente a los cuadros de Ribera y sin poder abstraernos de estar en un museo, en una enorme sala, climatizada, custodiada y tan calladamente recorrida por miles de miradas, nos resulta difícil olvidar que el autor, aquel españoleto, hijo de zapatero y pintor de fama, que disfrutó del favor de soberanos y virreyes, de sus halagos y condecoraciones, terminara sus días pidiendo en cantidad de cartas a los monjes cartujos «se le pagara algún dinero» por las pinturas que estaba realizando, ya que su situación económica era por demás penosa.

Sombras y luces de la existencia de un pintor que fue reconocido justamente por su particular manera de señalar los violentos tintes de la vida cuando trasciende el marco de lo visible, para entrar en un mundo «obsceno», de lo que está fuera de escena, de lo que no debe ser visto, de lo que es preferible no mostrar.

Para Ribera, sin embargo, lo deforme, lo feo, lo innoble, por ser parte misteriosa y esencial de la trágica condición de los hombres, ofrece la posibilidad de llegar, a través del mal, de la repulsión o de la carne macerada, a ese oscuro reino, a ese ambiguo lugar donde el horror puede alcanzar a ser revelador del abismo humano.

A esa tendencia apuntarían muchas de las búsquedas que en la modernidad desplegaron lo tremendo en busca del mal, de la fealdad, del espanto como constitutivos de la vida.

Quedé mirando sus cuadros, su vigoroso empaste, la audacia de sus temas y de sus trazos.

4 de septiembre

Hoy vino a despedirse un chico del bar. Se va para su pueblo. Quiso saludarme. Después el chico se abrazó con sus compañeros, y nosotros nos quedamos mirando esa despedida.

El grupo se parte. Siempre es doloroso. Uno se va por otro camino.

Pero el hombre siempre ha necesitado partir; la mujer no, es sedentaria, gusta de su casa.

Si todos nos quedáramos juntos nos asfixiaríamos.

La vida en estos años aparece a menudo como una despedida.

Este muchacho me trajo a la memoria un pasaje de *El túnel*, que voy a poner:

> Miraba por la ventanilla mientras el tren corría hacia Buenos Aires. Pasamos cerca de un rancho; una mujer, debajo del alero, miró el tren. Se me

ocurrió un pensamiento estúpido, «a esta mujer la veo por primera y última vez. No la volveré a ver en mi vida». Mi pensamiento flotaba como un corcho en un río desconocido. Siguió por un momento flotando cerca de esa mujer bajo el alero. ¿Qué me importaba esa mujer? Pero no podía dejar de pensar que había existido un instante para mí y nunca más volvería a existir, desde mi punto de vista era como si ya se hubiera muerto: un pequeño retraso en el tren, un llamado desde el interior del rancho, y esa mujer no habría existido nunca en mi vida.

Todo me parecía fugaz, transitorio, inútil, impreciso. Mi cabeza no funcionaba bien y María se me aparecía una y otra vez como alguien incierto y melancólico. Sólo horas más tarde mis pensamientos empezarían a alcanzar la precisión y la violencia de otras veces.

Por la mañana

El día que salíamos de viaje mi hijo Mario me dio el video de su película *India Pravile*. Anoche la vimos en el hotel. Me sentí impresionado de su capacidad para plasmar ese universo poético, y al mismo tiempo desgarrador. Una sensación semejante me posee cada vez que veo una de sus obras.

Por mi larga experiencia, comprendo hasta qué punto una obra expresa las profundas verdades que se hallan en nuestro corazón. Lo mismo le sucede a todo artista. Quiéralo o no, directa o indirectamente, en la obra desnuda sus verdades más tremendas. A veces atroces, a menudo dolorosas, que acaban por expresar mucho más de lo que se atrevería a confesar en los encuentros cotidianos. A tal punto que a veces resultan incomprensibles hasta para él mismo. Ese momento, el acontecer del acto creador es la mayor tensión que debe soportar un artista. Porque allí está solo, enfrentando un abismo.

La película habla, naturalmente, de la vida toda. Pero el sentimiento recorre la obra, atravesándola como un Nilo, impregnándola de un clima de ternura, de humor, de poderosa melancolía. Hasta de añorados recuerdos. Como la secuencia en que Quiroga, el protagonista, le explica a Martín, su nieto adolescente, de dónde proviene el nombre «India Pravile». Momento en que le habla de aquel viejo carro y de ese caballito cansado que acarreaba una montaña de mimbre, paja y madera, que pasó por su vida para luego desaparecer, quedando en él «como una resonancia de algo lejano».

Pero también descubro algo en la película que considero esencial. Y es aquel color tenue, esos amarillos ocres que recubren las escenas en las que el protagonista confiesa sus angustias, sus ansiedades, su bronca, su rebeldía. Cuando, casi fugándose de su casa y de su familia, sale a caminar con la sola compañía de su perro. A través de calles angostas, entre modestas casitas de barrio, o permanece sentado en alguna plaza entrañable y remota. Escenarios de un tiempo casi extinguido. Y testimonio, a la vez, de ese profundo amor que Mario ha tenido siempre por la gente, el país, y la época que le tocó vivir.

Después

De noche volvimos a vernos con César Antonio, Mercedes y la pequeña Laura.

Quiero acordarme de mandarles algo valioso desde Buenos Aires. Que les quedara y pudieran recordar la cercanía de estos tiempos, y de mi gratitud.

6 de septiembre

El viaje a Badajoz fue un infierno.

No podía del mareo. Quería que volviéramos cuando ya habíamos hecho más de la mitad del camino, no atendía a razones. Estaba descompuesto y hecho una furia. El chofer, asustado, aceleraba, y yo cada vez peor.

Fui derecho a la cama, sin comer. Permanecí acostado horas sin poder reponerme.

Finalmente, como a las seis de la tarde, bajé a tomar un café. Unas personas se acercaron a saludarme. Poco a poco se me alivió la rabia que tenía, y pude comer.

Al rato llegó Saramago, con esa pinta magnífica que tiene, y también me alegró. Había terminado su libro *El hombre duplicado*. Me lo mostró en una placa de computadora que me hizo sentir más viejo que él, mucho más.

A la noche fuimos hacia el Museo Extremeño e Iberoamericano de Arte Contemporáneo donde me darían el Premio a la Creación. Allí nos encontramos con Sergio Baur.

En la primera sala vimos una exposición en torno a la revista *Sur*. Tenían viejas ediciones de libros inhallables.

Me quedé mirando una primera edición de *Interlunio* de Girondo con ilustraciones de Lino Spilimbergo; *Fervor de Buenos Aires*, con cubierta de Norah Borges; *El juguete rabioso* de Arlt; *Días como flechas* de Marechal; *El imaginero* de Molinari; *Ollantay, drama quechua*, con ilustraciones de Curatella Manes (el tío abuelo de Diego); *La rosa blindada* de González Tuñón, en homenaje a la insurrección de Asturias, con cubierta de Castagnino. Todos en primeras y antiquísimas ediciones.

Me hubiera quedado horas. Pero también qué tristeza, aquello fue la Argentina. Me fui para no llorar, como dice con trágica verdad uno de nuestros tangos.

En un acto muy cálido, me entregaron el premio.

Saramago habló sobre mi obra y mi vida, luego lo hizo Rodríguez Ibarra. También dieron un premio al joven escritor Javier Cercas y a la directora de cine Irene Cardona.

Había cantidad de gente que me escuchó en pavoroso silencio y me aplaudió largamente.

Gratitud, algo inefable. Lo más hermoso de la vida es la gratitud.

La cercanía con Portugal me renovó las ganas de ir a ese país. Hace muchísimos años que no voy y podría decir que conozco su Lisboa más por lecturas que por haber caminado sus calles. He sido un gran lector de Pessoa y, claro, a través de José.

¡Cuántas veces he pensado en esa desconcertante realidad por la cual uno puede haber vivido más en lugares que ha soñado, imaginado, que en aquellos a los que ha visitado! Lisboa es un ejemplo en mí, como lo es, inmensamente, San Petersburgo.

He pasado la vida añorando a Rusia. Varias veces estuvimos por salir de viaje, pero a último momento algo pasó y no fuimos.

Elvira me dice que Jorgito le había aconsejado que cruzáramos desde Helsinki en un barco que sale por las tardes porque a bordo ya se van viendo las cúpulas de la Fortaleza de San Pedro y San Pablo.

Así, me dice, llegamos peregrinando a la tierra de Dostoievski. Le digo que sí, y varias veces le pido que me vuelva a contar cómo sería la entrada a San Petersburgo, y ya conozco de oídas la avenida Nevski, las calles que bordean al Neva y los puentes, también el de las Noches Blancas. Y el cementerio.

Madrid

He estado afirmando la reencarnación.

Elvirita no entra en la discusión, ni argumenta, lo que me irrita. Dice que ni cree ni descree, sólo que no le gusta esa idea de volver, como actores en otra obra, pero sin experiencia, siempre empezando de nuevo, no sabe, no le gusta.

Le insisto con mi sensación. Hombres geniales

han creído en la reencarnación; es esa conocida sensación que tienen ciertas personas de que ya han estado en ese lugar; o quienes aseguran que ya vivieron eso mismo que les acontece. A mí me pasa.

Ella me escucha, pero distraídamente, como obligada. Insisto, he sido victorioso en mi exposición del tema. No quedan dudas, la reencarnación es un hecho demostrable. Existe.

Elvira con calma, como si también lo suyo fuese un hecho, y esta vez inapelable, dice: «cuando te reencarnes, vas a ser mujer».

Yo di un grito desesperado, no lo pude contener.

Sonríe victoriosa, ¿ves?, ésta es tu verdadera posición frente a la mujer, ya que si fuese verdad que te parecieran superiores y admirables, hubieras reaccionado con alegría.

Inútil fue argumentar que mi sobresalto se debía al sacrificio y abnegación que les atribuyo a las mujeres.

Terminamos riéndonos con unas copas de vino.

Viernes

Nos hemos encontrado con Paca y Félix. Él había estado enfermo. Quedé literalmente acongojado por la posibilidad de que a alguno de ellos fuera a pasarle algo. Salieron a despedirnos a la calle junto a José. Los tengo que convencer de que viajen; no me gustaría perderlos de vista. No volverlos a ver.

Lanzarote, en casa de los Saramago

En una isla desierta no habitada por la naturaleza, fosilizada por la lava seca negra rojiza, que siempre nos recuerda que estamos ahí hasta tanto ella lo quiera, viven mis amigos.

Llegamos el viernes al atardecer.

Su casa es blanca y hermosa, está arreglada cuidadosamente con muebles cálidos y objetos raros que han traído de viajes, o que les han regalado. Tienen muy buenos cuadros. Por fuera una galería da al mar; pero ellos van poco, tienen demasiado trabajo, están permanentemente luchando por sus convicciones.

En este sentido puede decirse que son verdaderos creyentes, de esos que van dejando la vida por lo que creen.

No es necesario preguntar si el blanco de las casas les recuerda a la ciudad blanca, hermosa, Lisboa. Tiene también de la Sevilla natal de Pilar hasta sus macetas con malvones.

José trabaja muchas horas por día en su escritorio. Acaba de terminar un libro. Y los dos intervienen constantemente en todos los combates posibles por una vida más justa y más humana. Hace un rato no más, Pilar me trajo una declaración escrita por José para que yo la firme junto a él, en defensa de los indios mexicanos.

Por supuesto que lo hice. Siempre he luchado por

esas antiguas culturas que tanto tendrían para enseñar a este mundo mecánico y deshumanizado.

Comimos juntos en la cocina, en una intimidad honda y sin palabras.

Al *día siguiente*

Desde que llegué casi no he podido hablar. Me había prometido no morir sin antes visitar su casa. Tantas veces él se llegó a la mía, a mi vieja casa de los Santos Lugares, que no quería fallar. Vine entusiasmado.

Quería rendirle ese homenaje que tantas veces él me hizo a mí.

Sin embargo la cercanía me llegó tan profundamente que no pude hablar. Creo que veo en él reflejada toda la energía, y la capacidad que yo he perdido. Como si de golpe me sintiera mucho más viejo.

Con Pilar es más fácil, siempre es así con las mujeres.

Pilar es una mujer excepcional que vive sin descanso, entregada a los demás. Sin ni siquiera aparecer, algo muy de mujer, de extraordinaria mujer.

Sobre ella, José nos mostró algo que había escrito:

Eu escrevo, Pilar escreve, traduz, fala na rádio, cuida do marido, cuida da casa, cuida dos cäes, faz as compras, faz a comida, trata da roupa, despacha a correspondëncia, dialoga com o mundo, organiza o emprego do tempo, acolhe os amigos que vëm a vernos, e escreve, e traduz, e fala na rádio, e cuida do marido, e da casa, e dos cäes, e sai para fazer as compras, e volta para fazer a comida, e escreve, e traduz, e fala na rádio, e trata da roupa, e acolhe os amigos, e continua, incansável, a dialogar com o mundo, e diz Estou cansada, e logo diz Näo tem importäncia. Eu escrevo.

También vimos que en su casa los relojes están detenidos a las cuatro de la tarde, la hora en que se conocieron. Se lo contó José a Elvirita, según ese modo que tiene de ser silencioso pero muy arriesgado.

Atardece

La primera tarde José nos llevó hasta los volcanes y luego al mar, al borde mismo de un tremendo acantilado.

José nos cuenta que la lava volcánica cubrió las dos terceras partes de la isla, y rellenó no sé qué gran cantidad del mar. Todavía hay volcanes en ebullición.

No me hizo gracia, le dije a José que volviéramos, que no me es un placer este tipo de programas, y más bien me aterran.

José y Elvirita se rieron. Pero ella fue luego a verlos con Nicolás. Una locura.

Me estremece la naturaleza negra y cenicienta de ese lado de la isla. Es un paisaje apocalíptico. Como podría quedar la tierra toda si sigue prosperando la estupidez y el egoísmo criminal de los que tienen el poder de decidir el destino de los demás.

Las tragedias humanas y ecológicas se suceden sin

que nada convierta la conciencia de la mayoría de los gobernantes y grupos o mafias con poder. No les importa que sus descendientes vayan a sobrevivir, si pueden, en un planeta frío, inhóspito, sin árboles.

Ellos siempre creen estar en problemas mayores que invariablemente tienen que ver con el dinero que todavía pueden ganar o apropiarse.

Domingo, otro día de sol

Me es imposible hablar con José. Se me cierra la garganta. Un pudor que me calla.

Me había prometido no morirme sin ir a visitar a José a su casa y ahora me siento frente a él sin poder decir palabra. Pilar cocina con placer y muy rico. Se nota cómo se quieren, algo se palpa entre los dos, como si compartieran un secreto que tal vez ni ellos mismos sepan.

Me da vergüenza, permanentemente estoy diciendo que no comeré esto o aquello, o no recuerdo bien lo que quiero decir y me callo. ¡Ya tengo tantos años!

Antes cualquier falta de memoria me amargaba y me rebelaba, me parecía que sin memoria uno dejaba de ser quien era.

Pero en este tiempo final comprendo que todo lo que atesoramos como conocimientos, como recuerdos, nos abandona; que nada podemos hacer por retenerlos. Se desprenden y va quedando el paso del tiempo pero no los hechos pasados.

La vejez no es el tiempo de la memoria, sino de la constatación del olvido, de la finitud, lo que ya no vuelve, lo que ya fue. De lo que fue y ya no vuelve.

También la memoria va viviendo esa muerte.

El olvido es esa conciencia de haber perdido buena parte de lo que creímos lo más propio.

Esta mañana, hablando con Nicolás, le pregunté si hace quince años me olvidaba de las cosas como ahora.

No sé, me dice y agrega, se me ha olvidado. Nos reímos juntos.

Cree que me olvido más bien de las cosas y los detalles, no de los sentimientos, nunca de las cicatrices de la vida.

Sí, es así, le digo.

Lo miro, el silencio y la sonrisa de este muchacho me llamaron siempre la atención.

Seguimos conversando, me alivia hablar de esto que tanto me ha dolido.

Y al rato llegamos a pensar que el olvido da otra oportunidad.

Mientras se es joven uno cree que controla la vida, que ella responde a nuestra voluntad, pero cuando uno llega a la vejez, sabe que no es así.

Los viejos aprendemos a desprendernos, a no seguir acumulando en la memoria, atesorando como una posesión incomparable e irreductible. Recordar es como tener, y cuando uno se va haciendo tan viejo, va perdiendo, caen los recuerdos como las hojas de un árbol.

Mientras recordamos tenemos ese timón, pero el olvido nos deja a merced de las aguas, de los vientos, de la vida. Todos en la vejez terminamos siendo pobres.

De otra manera, ahora en la vejez se siente más, se agradece más, mucho más.

Como la gratitud a José.

Más tarde

La otra mañana me paré frente a una de las muchas bibliotecas que hay en la casa. Tomé con emoción el *Ricardo Reis*, ese magnífico libro.

También estaba allí *Ensayo sobre la ceguera*, libro de violenta lucidez.

> Se levantaron trabajosamente, vacilando, con vértigo, agarrándose unos a otros, luego se pusieron en fila, primero los ojos que ven, luego los que teniendo ojos no ven.

Su literatura es estremecedora. Sus personajes se nos aferran al alma, como el alfarero de *La caverna*. Un hombre moldea sus piezas de alfarero a la vez que encuentra en ellas la marca de la tierra, el valor, su dignidad.

Lunes

Conocimos un matrimonio del que seremos amigos, si la vida lo permite.

Fabio y Adine son gente formidable. Él es colombiano y ella italiana, viven en Milano.

Con ellos, Pilar y José nos llevaron a ver la casa de César Manrique.

La casa es de una belleza tremenda. Está construida dentro de la tierra volcánica; se diría que está sumergida en ella, encajada dentro de las piedras. Yo no podría vivir allí, es demasiado inquietante, estremecedora, pero bellísima.

Las plantas, mayormente cactus y palmeras, te rodean, tanto dentro como fuera de la casa. En el baño, al borde mismo de la bañadera crecen filodendros y otras plantas desconocidas para mí, que impresionan, como la burbuja volcánica dentro de la casa o la arena que cae hacia el interior desde una ventana.

Después fuimos a comer al borde del mar. Estábamos Pilar y José, Adine y Fabio con su pequeña, Nicolás, Elvirita y yo.

Quizá por lo que había estado pensando o descubriendo, se me fue toda tristeza y la comida resultó serena, entre viejos amigos que no necesitan hablar. Momento de entrañable paz.

Martes

En un lugar sobrecogedor aunque hermoso, Timanfaya, José nos contó historias de la isla, nos habló de la cercanía con África, de las pateras, de la falta de agua y de cómo habían venido a vivir ellos a Lanzarote.

Por las tardes, Pilar venía a conversarme. Yo sentía su bondad como el abrazo que diéramos a un herido.

Veía nítidamente en José a quien yo había sido y no era. Pero ahora ya no me dolía la vejez. Era tanto lo que sentía que no podía prestar atención a lo que se hablaba.

El último día José vino hasta el auto, me abrazó y nos despedimos. Quedó con su mano levantada hasta que el coche desapareció. A mí se me caían las lágrimas.

Algo de la vela, escrito por José:

> (...) una vez más ante el archiconocido fenómeno de la vela que al extinguirse levanta una luz más alta e insoportablemente brillante, insoportable por ser la última no porque la rechacen nuestros ojos, que bien querrían seguir absortos en ella.

Hace ya tiempo que nos tratamos de hermanos.

Emocionante despedida de Fabio y Pilar en el aeropuerto. Daban ganas de volver al día siguiente, sólo para decirles que no había sido la última vez.

Septiembre, en Barcelona

El viaje se me hizo largo; le pedí a Elvira que me leyera el texto que tengo preparado para leer en la inauguración de la Cátedra de las Américas, patrocinada por las universidades de Barcelona, la Pompeu Fabra, y el Consulado de México en Barcelona.

No se podría hablar de una literatura puramente latinoamericana; es legítimo decir que somos sus herederos y a la vez algo diferente. Cuando el primer cronista de Indias pisó esta tierra y pronunció, o escribió, la palabra cielo, la palabra montaña, estaba inaugurando la nueva literatura latinoamericana, ese matiz novedoso de la lengua castellana.

Desde el instante que comenzó a escribir su informe, su idioma dejó de ser lo que era, porque ni la palabra tierra significó cabalmente lo mismo ni la tristeza era la tristeza de allá, ni la mujer, ni la soledad; grandes calamidades, portentosos tesoros, misteriosas enfermedades, rarísimos imperios, fabulosos mitos, pieles y ojos diferentes, diferentes angustias y peligros lo separaron para siempre de la patria. Y esa separación tenía que manifestarse, sutil pero inexorablemente, en los antiguos símbolos que los seres humanos utilizan para expresar su poderío y su miseria. Ni una sola de las palabras será ya la que era, y hasta la más humilde estará contaminada, afectada o embellecida por el Nuevo Mundo.

Nuestra literatura, que indudablemente ha dado al mundo en el siglo xx una portentosa literatura, no habría existido sin aquellos remotos antepasados.

Nace con cada creador, y hasta en cada instante de la vida de un creador, no sólo cuando escribe, sino también cuando sueña uno de esos delirios en que los arcaicos monstruos de la especie se aparecen transformados por las angustias de quien sueña.

Creo que el arte, como el sueño y el mito, es una

ontofanía. De manera que toda obra de arte ofrece un doble y dialéctico carácter: es expresión de una realidad y es una realidad en sí misma.

Todo gran arte es como un sueño, una reacción contra el mundo exterior, y en ocasiones una violenta y rencorosa negativa. Un gran creador levanta su obra porque le disgusta el mundo que lo rodea, malogrado por la fealdad, la imperfección, el relativismo y el desorden. El gran artista busca el absoluto. Su misterioso arte surge no sólo de la conciencia, sino, sobre todo, de los oscuros estratos de la inconsciencia, donde se revelan los instintos de la vida y de la muerte. Este arte visionario es esencialmente subjetivo, pero el sujeto no existe solo, sino en convivencia, en el seno de una sociedad, de una cultura. Y todo artista, por importante que sea, proviene de alguien, como Beethoven de Mozart. De la misma manera nuestras creaciones artísticas tienen sus antecedentes en Europa y en la América Indígena, lo que no les impide ser originales.

Así sucede siempre, no hay originalidad, hay hibridaje.

Se me hace duro seguir, pero pienso cuánto más hubiera escrito si hubiese estado prisionero en un asiento, como acá en el avión, o prisionero de deudas, como las que atormentaron a Dostoievski, pero que, paradójicamente, lo obligaron a escribir esa gloria para la humanidad que es su obra.

Schavelzon nos esperaba a las puertas del avión en Barcelona. Verlo ahí, dispuesto como siempre, me dio confianza y me alivió el cansancio feroz con que llegaba.

Fuimos directo al hotel Gallery. Willie lo había elegido, y como tal, me pareció un hotel refinadísimo y a la vez sencillo. Tan bien ubicado que a diario fue un placer salir a caminar. Queda en pleno Ensanche, entre el Paseo de Gracia y Rambla de Cataluña.

En la planta baja hay un jardín al fondo donde comimos a menudo, y donde yo preparaba la conferencia. Según me acaba de contar Willie, el hotel comparte con el Palau Robert unos jardines de casi toda la manzana. Es notable el poder que tenía la burguesía catalana, y notable la pobreza en que se halla mi país, comparación que no puedo evitar. Qué triste.

Willie nos había reservado una suite pero a mí me pareció un exceso de lujo, y nos cambiaron a una habitación sencilla. Él se sonrió cuando lo supo. Dijo que la mayoría de los escritores que se alojaban en ese hotel solían pedir el cambio inverso, y que le admira cómo yo mantengo un estilo austero hasta las últimas consecuencias, el mismo saco azul con botones dorados durante años, ninguna sofisticación de las que Barcelona ofrece en cada vidriera. He sido educado así. Y entre los muchos y graves defectos que tengo, nunca me he inclinado al lujo. No es virtud, no me gusta, lo rechazo. No me parece bien, me da culpa, hasta me hace sentir ridículo, algo así.

Seguí revisando la conferencia.

Quiero decir que se nos pregunta a menudo si los escritores latinoamericanos constituimos una nueva literatura; somos nuevos, y a la vez formamos parte de una literatura milenaria, como es la lengua castellana.

No se debería hablar de literatura latinoamericana como de una nueva corriente porque está constituida por una tradición de siglos, europea e indígena.

Así como no hay escritores solitarios tampoco hay naciones aisladas, toda cultura es el entrecruzamiento de miles de corrientes propias y extrañas.

La creación es un acto radicalmente individual, en todo caso de interacción entre yo y el mundo. Y así García Márquez es necesariamente diferente a Borges aunque ambos sean ejemplos de gran jerarquía en la literatura.

Es legítimo decir que somos herederos y a la vez generadores de una originalidad.

La superposición de una literatura inmigrante a la vieja nación semifeudal da distintas corrientes literarias, como la aristocrática, Güiraldes y Girondo, el grupo Florida; y la otra, Boedo, más popular, Arlt.

Hay escritores latinoamericanos que tratan los problemas de las grandes ciudades.

Buenos Aires tiene poco color local y sus libros tratan los problemas del hombre de la ciudad: la soledad, la alienación, los problemas psicológicos y metafísicos del hombre urbano.

Los grandes escritores trascienden el plano local. No creo que pueda establecerse literatura de América Latina y literatura del resto del mundo. Hay literatura buena y literatura mala. Eso es todo. Profunda o superficial.

Hay con todo algo que nos une en América Latina, y es una historia de liberación en el siglo pasado, hecha sobre la base de ideas francesas, luego una similar historia de luchas civiles, de dictaduras y de explotación por parte de los grandes imperios ingleses y norteamericanos. (...) Y sobre todo una lengua común, y la lengua es la sangre de la literatura.

Pero hay que tener cuidado, porque el arte no es un reflejo de la realidad, y mucho menos de la mera realidad externa. El arte no es un «resultado» de climas, factores económicos y sociales. El arte es un acto antagónico de la realidad. Y puede ser diferente a la realidad externa como una pesadilla, y por los mismos motivos.

El arte representa la relación yo-mundo, de modo que cada artista dice algo diferente aunque la realidad externa sea la misma. Lautréamont no dice lo mismo que Balzac, ni Van Gogh que Millet, aunque elijan el mismo tema: el ángelus de dos campesinos.

La clave no hay que buscarla en el folklore ni regionalismo, sino en la profundidad. Por eso Rulfo trasciende. Shakespeare fue el más grande escritor nacional de Inglaterra y sus grandes obras no se desarrollan en su país.

Hubo gran literatura antes del boom. Digamos Borges, para poner un ejemplo notable e ilustre, era ya famoso cuando yo era un muchacho, en 1944, cuando le hicimos en Sur un homenaje porque no le habían dado el Premio Nacional de Literatura. Hay muchos y grandes escritores que son anteriores a ese promocionado boom o son contemporáneos sin pertenecer al grupo, es el caso de Guimarães Rosa en el Brasil, de Onetti en el Uruguay, de Carpentier en Cuba, de Rulfo en México. Y si se me permite, el caso mío, ya que El túnel apareció en 1948, y tuvo muchísimas traducciones.

Y esa literatura no era pintoresca o folklórica.

Digamos que la literatura de Roberto Arlt poco tiene que ver con lo folklórico, o no es más folklórica, dimensiones aparte, que la de Dostoievski. Claro que es argentina como la de Dostoievski es rusa, pero todos sabemos que esa rusidad se da en el plano externo, en las condiciones que los personajes viven y sufren, en el contexto político y social del zarismo. Pero también es evidente que Dostoievski no se propuso hacer una literatura costumbrista, ni un documento periodístico de la Rusia de mediados del siglo xix, sino que se propuso discutir el problema del Bien y del Mal.

Nuestra literatura es, pues, una literatura metafísica, aunque esos dilemas metafísicos, no aparezcan en el vacío sino encarnados en seres concretos, de carne y hueso. Es un estudiante pobre de San Petersburgo, que mata con un hierro a una vieja usurera. Lo mismo sucede con García Márquez, y a nadie se le ocurriría tratar a Borges como si fuera costumbrista. Borges es representativo de la realidad Borges-mundo.

Y nadie lo es mejor que él.

Dice que Borges era radicalmente argentino aunque escribiera de Babilonia.

La escisión del pensamiento lógico y el pensamiento mágico ha llevado a la gran crisis de nuestro tiempo. La más honda y peligrosa de la historia. Hay quienes creen que esta catástrofe es más bien política o social, o simplemente una crisis de las estructuras económicas, cuando en rigor es de orden espiritual, y está señalada por una quiebra de la tabla de valores, son los jóvenes y los artistas quienes más sienten, sufren y están atormentados por los sutiles estremecimientos.

Por eso no es excesivo decir que la literatura latinoamericana no sólo es el testimonio profundo de nuestra realidad, de nuestro drama y de nuestras esperanzas sino que también nos ofrece el camino de nuestra salvación. La gran literatura siempre tuvo esa misión. Recordemos si no aquello que sostenía Jaspers sobre los trágicos griegos cuando los consideraba como educadores de su pueblo, no en el sentido escolar, naturalmente, sino en el sentido espiritual y metafísico de la expresión.

No porque yo quiera sobrevalorar el oficio al que me he sentido condenado, sino porque la literatura latinoamericana, como en otros tiempos fue la rusa y luego la norteamericana, son, en sus más grandes expresiones, literaturas de salvación, ya que tratan del hombre y su destino, del sentido o sinsentido de su existencia, de la esperanza y de la muerte. Temas que hacen a la salvación de la criatura humana.

Por la tarde había terminado de revisar el texto y me propuse leer, en ese lindo jardín del fondo del hotel, los trozos literarios que había elegido.

Ellos me habían pedido que leyera algo de mi obra, pero yo quise también leer páginas de Roa y de Rulfo —el comienzo de *Hijo de hombre* y el final de *Pedro Páramo*— dos supremos creadores latinoamericanos.

El mío lo había elegido Elvira, pertenece a *Sobre héroes y tumbas*.

Debo confesar que mientras leía mi emoción fue tan grande que pareció imposible que yo pudiera afrontar la lectura de ese texto en un acto.

Y un día más terminó en Buenos Aires: algo irrecuperable para siempre, algo que inexorablemente lo acercaba un paso más hacia su propia muerte.

¡Y tan rápido, al fin, tan rápido! Antes los años corrían con mayor lentitud y todo parecía posible, en un tiempo que se extendía ante él como un camino abierto hacia el horizonte. Pero ahora los años corrían con mayor rapidez hacia el ocaso, y a cada instante se sorprendía diciendo: «hace veinte años, cuando lo vi por última vez», o alguna otra cosa tan trivial pero tan trágica como ésa; y pensando enseguida, como ante un abismo, qué poco, qué miserablemente poco resta de aquella marcha hacia la nada. Y entonces ¿para qué?

Y cuando llegaba a este punto y cuando parecía que ya nada tenía sentido, se tropezaba acaso con uno de esos perritos callejeros, hambriento y ansioso de cariño, con su pequeño destino (tan pequeño como su cuerpo y su pequeño corazón que valientemente resistirá hasta el final, defendiendo aquella vida chiquita y humilde como desde una fortaleza diminuta), y entonces, recogiéndolo, llevándolo hasta una cucha improvisada donde al menos no pasase frío, dándole de comer, convirtiéndose en sentido de la existencia de aquel pobre bicho, algo más enigmático pero más poderoso que la filosofía parecía volverle a dar sentido a su propia existencia. Como dos desamparados en medio de la soledad que se acuestan juntos para darse mutuamente calor.

Al anochecer salimos a caminar.

Estaba embargado de una profunda emoción, sin duda hecha de tristeza por el paso de los años, pero también de gratitud por lo que la vida me ha dado, y me sigue dando.

Miércoles

Ayer fue un día de entrevistas de prensa, faxes a periodistas. Y de amigos, de fotografías.

Fuimos a buscar unos repuestos a la vuelta del hotel: vieja casa de lapiceras y tabacos.

Jueves

Por la noche, conferencia en La Pedrera.

Caminamos un par de cuadras hasta el emblemático edificio de Gaudí en el Paseo de Gracia. El director de cultura de La Pedrera, Giménez-Frontín, y el de Cooperación Iberoamericana, Iago de Balanzó, nos esperaban en la puerta y nos acompañaron a un pequeño salón. La entrada en ese edificio de piedra fue grandiosa.

La conferencia duró un poco más de media hora.

Luego leí con orgullo americano y con solemnidad, los textos de Roa y de Rulfo, y por último aquel fragmento de *Sobre héroes y tumbas*.

Más tarde Willie, que estuvo en la sala, me dijo que quien verdaderamente lloraba de emoción era el público, dijo que lo había impresionado ver a los catalanes, que no son de expresar sus sentimientos, con los pañuelos secándose los ojos.

Al terminar, silencio total.

Cuando estalló el aplauso fue sobrecogedor, aplaudían y no me dejaban bajar.

Estaba previsto que yo saliera por detrás para que

la gente no se me viniera encima. Pero comenzaron a subirse al escenario a saludarme, a abrazarme, a pedirme que les firmara los libros que habían traído. Me hacen un bien enorme, si supieran.

Enseguida estuve repuesto. Me quedé, me saqué fotos con los chicos (especialmente con las chicas jóvenes y guapas) y firmé cientos de libros.

Regresamos caminando al hotel, era una de esas noches de fin de verano. Lidia y Willie nos propusieron ir a un restaurante, pero yo preferí comer algo ligero. Cruzamos Rambla de Cataluña y entramos en una vieja panadería reconvertida en restaurante repleta de gente, pero poco a poco fuimos consiguiendo unos platos de jamón, del pan con tomate tan exquisito que sólo se come en Cataluña, anchoas y aceitunas, y un buen vino.

Seguimos conversando un rato, de la Argentina, obligadamente, como un dolor inevitable. De lo que era en otro tiempo, de las posibilidades que había tenido, de las que quizá todavía tenga. Ojalá sea así.

Viernes por la tarde

Hemos llamado a Paco Ibáñez para volverlo a ver, pero justo salía de viaje. También me gustaría mucho ver a Rafael Argullol y a Ricard Salvat.

Al mediodía teníamos una reunión informal con periodistas, que Willie organizó en el jardín de la agencia de Mercedes Casanovas. Fuimos en taxi hacia La Bonanova, y entramos a un lugar lleno de libros. En el jardín del fondo me encontré rodeado de periodistas con los que pasé muy buen rato. Conocí a mis editores de Seix Barral en Barcelona, Adolfo García Ortega y Elena Ramírez, con quienes siempre hay proyectos de los que hablar. Había una docena de periodistas que se portaron muy respetuosos. Habíamos acordado que no era una rueda de prensa, sino una copa informal.

El sábado recorrimos las calles hermosas de Barcelona y fuimos al Parque Güell, a casa de Claudio y Alejandra Blum, que nos recibieron con un muy buen asado a la manera de la pampa.

Domingo, antes de partir

El equipaje quedó listo desde temprano. Tomo café y miro los diarios. Cerca de las nueve partirá el avión que nos llevará de regreso a Buenos Aires.

Y entonces, como otras veces, cuando miro los noticieros, leo los diarios o escucho a la gente, pienso no tanto en lo que se dice, sino en lo que se calla, diciendo tantas cosas. Pienso en las palabras que ya no se escuchan, como espíritu, bondad, absoluto, infinito, alma. Esas palabras que en mi juventud al menos usábamos para denostarlas, para criticarlas, pero en todo eso le dábamos valor, sabíamos y sentíamos su peso, su gravedad.

Después uno las recuperó con los años, pero ahora compruebo a menudo, con tristeza indecible, con horror, que ya no están ahí, al alcance de las manos para que las nuevas generaciones puedan palparlas, saber de su existencia. Veo que han desaparecido de la cultura, simplemente no están.

Existe un tal absolutismo de la «realidad» histórica, política y económica, que ni se presienten sus fronteras.

Y sin embargo el hombre carece hoy, como nunca quizá, de un ámbito mítico-poético que ampare la existencia. No me estoy refiriendo a «ideas» sino más bien a un cuenco para llenar de vida; una trama donde ir sembrando la existencia, manifestándola. No sé cómo expresarlo.

Siempre me han echado en cara mi necesidad de absolutos, que por otro lado aparece en mis personajes. Esta necesidad atraviesa como un cauce mi vida, como una nostalgia más bien, a la que nunca hubiera llegado. Quizá algunos atisbos, señales incomprensibles, como ligeras nieblas en un horizonte infinito, mudo a los reclamos de los hombres.

Aun al dolor de los hombres, aun ante el dolor de los niños.

Atisbos al caer de alguna tarde, momentos de éxtasis al terminar una obra que me excedía. O seguramente frente al abismo. Nostalgia indemostrable en conceptos, pero que indudablemente la dice y la muestra cada arruga de mi cuerpo, cada temblor en la voz.

La nostalgia es una añoranza, una memoria de los sentimientos inarrancable, que existe en toda vida. No se la puede explicar pero se la siente como la memoria de una armonía que nos fuese nuestra más auténtica manera de existir. Como nunca la vivimos, tendemos a ponerla en la infancia, quizá para darle un sosiego.

Yo nunca pude calmar mi nostalgia, domesticarla, diciéndome que aquella armonía fue un tiempo en la infancia; ojalá hubiera sido, pero no. Fui un chico hipersensible, ya lo dije, proclive a los temores, a la incertidumbre. De modo que la nostalgia es para mí una añoranza jamás cumplida, el lugar al que nunca he podido llegar.

Pero es lo que hubiéramos querido ser, nuestro deseo. Tanto no se lo llega a vivir que hasta podría creerse que está fuera de la naturaleza, si no fuese que cualquier ser humano lleva en sí esa esperanza de ser, ese sentimiento de que algo nos falta.

La nostalgia de ese absoluto es como un telón de fondo, invisible, incognoscible, pero con el cual medimos toda la vida, si no no la llamaríamos «finita», como no llamamos «limitado» a no tener más que dos brazos. Algo en nosotros se niega a aceptar la muerte. Quizá, todo lo que hagamos contra esa evidencia, y ese decirle «no», sea un «sí» a eso otro, a esa pertenencia a una vida sin muerte, sin tanta violencia, sin guerras... Esa vida que es imagen de otra forma de vida y de otra vida, aunque sólo la vivamos en un borrador o en su negativo. Extrañándola, anhelándola...

Pienso entonces en Kafka, ¡del que he pintado

tantos cuadros! Toda su obra parece atravesada por ese deseo de absoluto, un deseo sepultado bajo las mediaciones que el sistema pone para tapar lo más profundo del hombre, lo que haría que nadie creyera en los «absolutos» de los dogmatismos. Pero nada, en su obra, puede impedir a sus personajes seguir deseando, seguir esperando... Ni siquiera el fracaso.

Quizá él, Kafka, como nadie, haya tematizado ese gran tema del siglo XX: el obstáculo. Y sin embargo, como una piedra en un río, ese obstáculo pone más de manifiesto el deseo. Como la piedra en el sonar del río.

ANEXO

HOMENAJE EN EL CÍRCULO
DE BELLAS ARTES
DURANTE LA ENTREGA
DE LA MEDALLA DE ORO

PALABRAS DE RAFAEL ARGULLOL

Buenas tardes. En primer lugar, quiero agradecer al Círculo de Bellas Artes, y a su director, mi amigo César Antonio, por darme la oportunidad de participar en este acto, y quiero agradecerle esta oportunidad, porque a través de ella, yo puedo agradecer directamente a Ernesto Sabato alguna de las cosas que me ha dado a lo largo de estos años.

Por tanto, vaya mi agradecimiento al Círculo, como mediador de un agradecimiento directo que quiero hacer yo hoy al autor de estos libros bellísimos que me han acompañado a lo largo de, diría yo, veinte, veinticinco años.

Y dentro de estos agradecimientos a Ernesto Sabato, el primero de ellos es el agradecimiento que yo creo debe tener siempre el lector con un autor, sea un autor moderno o sea un autor clásico, en el caso de Sabato es un autor moderno, y clásico, que nos ha hecho participar de algo único en nuestra existencia que es participar de la belleza. En el caso de las obras de

Ernesto Sabato, esta belleza no es una belleza fácil, no es una belleza epidérmica ni superficial, sino como todos ustedes saben, sus lectores, es una belleza difícil, una belleza profunda, una belleza contradictoria. Pero quizá es la belleza más valorable, y desde luego por mí la más valorada.

En ese sentido yo, cuando accedí por primera vez a un texto de Ernesto Sabato, debo decir que quedé literalmente deslumbrado. Y era un texto difícil, negro, aparentemente pesimista, claustrofóbico, como era el «Informe sobre ciegos», en la novela *Sobre héroes y tumbas*. A continuación leí también *El túnel* y *Abaddón*, leí sus tres novelas; el primer texto de Ernesto que llegó a mis ojos fue *Sobre héroes y tumbas*, y como acabo de decir, me pareció extraordinario.

Evidentemente este agradecimiento como lector, que se ha ido, creo yo, enriqueciendo a través de los años y a través de la lectura de los libros de Sabato, no puedo desvincularlo, y no *quiero* desvincularlo, sobre todo en días como los actuales, de una faceta de Sabato que está continuamente presente en su obra, directa, indirectamente, explícita, implícitamente, que es el fuertísimo componente ético de la obra de Sabato.

Él es un autor, en ese sentido, que yo creo no ha rehuido los desafíos éticos de nuestro tiempo, y en ese sentido ha sido un escritor comprometido, en el sentido más noble de esta palabra.

Desde luego ese componente ético de la literatura de Sabato, tiene su prolongación, como todos ustedes saben, en su propia actitud pública, ejemplar, en momentos extraordinariamente difíciles de su país, la Argentina, es decir, momentos extraordinariamente difíciles del mundo. También por ese componente ético, por esa actitud combativa, por ese rigor moral, yo quiero agradecer a Ernesto Sabato lo que a mí personalmente me ha dado a lo largo de estos años.

Y el tercer agradecimiento es, naturalmente, un agradecimiento estético. Ernesto Sabato tiene, y ha hecho todo lo que he dicho anteriormente, pero lo ha hecho siempre desde una capacidad creativa extraordinaria. No creo que exagere, y creo que aquí tendría mucho consenso si aquí digo que Ernesto Sabato es de los escritores más importantes de las últimas décadas, teniendo en cuenta el escenario internacional.

Pero esa creatividad, esa faceta creadora de Sabato es, creo yo, la que nos introduce a esa complejidad, a esa a veces oscuridad de la belleza de sus libros. Él evidentemente ha sido muchas veces calificado como un hombre pesimista ante el acaecer del mundo; yo no creo que sea exclusivamente pesimista.

Y continuamente reflejada en Sabato una suerte de doble alma, diurna, nocturna, por un lado es un mundo alucinado, un mundo de delirio, un mundo apocalíptico, pero también es un mundo de razón, es un mundo de luz, es un mundo de utopía.

A mí no me extrañó nada, cuando supe algunos componentes biográficos de Sabato, que él tuviera una formación científica, porque verdaderamente pienso que en él el científico y el poeta se superponen, o mejor, se yuxtaponen. En ese sentido, el delirio, la captación del delirio, la captación de la alucinación, su indagación en los subsuelos del mundo, va acompañado de un rigor de la razón que desde luego hace más potente todo aquello que él escribe, y desde luego lo hace más bello. Tampoco me extraña su parentesco, o sus afinidades con autores como Kierkegaard, o como Dostoievski.

Sabato reclama varias veces este tipo de relación, ese puente hacia esos otros autores que también indagaron, yo creo, en sus épocas, en sus tiempos, de una manera ejemplar, los subsuelos de la conciencia humana, los subsuelos de la existencia.

Por tanto, yo diría que efectivamente Sabato ha sido el maestro de esa indagación en nuestra época. Es el maestro del subsuelo, siempre que entendamos que a partir de esa indagación él siempre ha defendido ese componente utópico, ese componente ideal, ese componente proyectivo, esa defensa por una humanidad distinta, una humanidad nueva, y sobre todo una defensa de una humanidad marginada y oprimida que de una manera, no directa si quieren, está siempre presente en su obra.

Como no quiero extenderme mucho, yo voy a utilizar el último minuto, los dos últimos minutos de mi intervención, haciendo referencia a un viaje, Sabato viajero, no es el último viaje a España, estoy totalmente convencido, habrá otros viajes a España, una referencia del Sabato viajero, a un paisaje que también para mí es muy querido, y que él muy amablemente en sus palabras ha citado; y donde se refleja esta última fe utópica, que está continuamente presente en su literatura.

Me refiero a un viaje que hace Sabato en el año 1968 a Tübingen, al río Neckar, un viaje a la torre donde Hölderlin, el gran poeta alemán, estuvo varias décadas contemplando ese río que se había convertido, hecho poesía, en un río de una grandeza mítica, y de una grandeza simbólica extraordinaria. Las páginas que dedica Sabato a esa visita, a cómo él entró en contacto con esa atmósfera donde habían estudiado Schelling, Hegel y sobre todo el gran Hölderlin, cómo recordaba esos años en que Hölderlin, quizá loco, seguro que apartado del mundo, recreaba su propio mundo... a mí, esa referencia en su libro *Antes del fin* me ha llenado de emoción, me ha llenado también de gozo, porque yo creo que allí se resumía las tres admiraciones a las que me he referido al principio.

Por fin quiero leerles algo que el propio Ernesto Sabato recoge casi al final de estas memorias-testamento, de este libro *Antes del fin*, y son unas palabras del propio Hölderlin, aquel a quien en el año 68 él visitó, aunque fuera en espíritu, porque creo que son unas palabras muy de Hölderlin, pero también muy de Sabato, palabras en que se refleja en cierto modo esa hambre de luz en medio de la oscuridad.

Escribió Hölderlin, y escribió Sabato: «El fuego mismo de los dioses, día y noche, nos empuja a seguir hacia adelante. Ven, miremos los espacios abiertos, busquemos lo que nos pertenece por lejano que esto esté.»

Yo creo que resume muy bien la literatura y la obra de Sabato.

Gracias.

PALABRAS DE PERE GIMFERRER

Buenas tardes. Reitero en la parte que me corresponde los agradecimientos que ha expresado adecuadamente Rafael Argullol.

Voy a tratar de esbozar muy brevemente algunas ideas sobre Ernesto Sabato.

En alguna ocasión, él mismo ha aludido a la necesidad y al hecho real de que periódicamente las literaturas son revigorizadas por lo que él llama «la invasión de los bárbaros», y ponía como ejemplo Dostoievski respecto a la Europa del XIX.

Aceptar literalmente esto significaría desconocer el gran sentido del humor que tiene Ernesto Sabato y que no impide su seriedad y su patetismo fundamental a veces. Ni la imaginación más senil nos hace pensar en Ernesto Sabato como un bárbaro. Ahora bien, el sentido de la frase es otro: que desde la periferia de una cultura, en este caso desde una periferia del Finisterre, de un ámbito cultural e idiomático, se produzca la renovación del centro, y por extensión de cualquier centro de otros idiomas, sin duda se dio en el continente europeo, efectivamente, con varios escritores rusos del siglo XIX, y en el mundo hispánico, por extensión en otros mundos (porque hay que recordar que *El túnel* aparece citado en el diario de Thomas Mann), se ha producido también una revigorización, eso que Ernesto con el mismo sentido del humor trata en *Abaddón*, y los llama los bárbaros. Y bárbaro sería, según esta definición, «bárbaro» entre comillas, lo que Rubén Darío dice a fines del siglo XIX: «indio... a pesar de mis manos de marqués». También habría que hablar con las mismas reservas.

Pero acá lo más importante, es que tenemos a alguien situado en los confines periféricos del presunto centro del idioma y de la cultura.

Hay más factores que hermanan a Ernesto Sabato con Dostoievski, no sólo este que él mismo ha descrito, sino también algunos muy evidentes, ecuación de carácter moral, de carácter metafísico, de carácter social, de carácter trascendental. Otros no tan visibles; poca gente recuerda o, recordando, poca gente tiene en cuenta que las primeras páginas de *Crimen y castigo*, ante todo describen la Rusia de San Petersburgo en pleno verano, un día extremadamente caluroso. De hecho, la primera frase del libro es «Era un día extremadamente bochornoso». No dice calor porque estamos en San Petersburgo, pero la idea de diseñar un mapa metafísico de la condición humana, sobre un trozo muy preciso de una vida urbana, esta idea sí es común a Dostoievski y a Sabato. La hallamos en *El túnel*, y más acusadamente aún, en *Sobre héroes y tumbas*. Ahí aparece junto al enigma y al horror metafísico, la trascendencia; pero también la tipología en la mitología de la vida cotidiana de Buenos Aires. Algo que irrumpe en la literatura con tanta presencia como el San Petersburgo que escribe Dostoievski; que no es el San Petersburgo de Pushkin, es otro.

Lo que hay en *Sobre héroes y tumbas*, mayormente sobre tumbas, es una visión de una ciudad que conquista en la actitud de Ernesto Sabato esa postulación metafísica que algunos podrían vislumbrar en el tango, en el verdadero tango. En esas calles hay verdaderamente poesía como la hay aparentemente tras el tango, como en lo profundo la hay tras aquellas canciones rusas que estamos acostumbrados a oír, en espectáculos simplemente frívolos y que parecen un elemento decorativo. No ya en Dostoievski, ni en el propio Pushkin. Son mucho más.

Se trata pues de renovar la literatura, vigorizarla, desde fuera de lo que se entiende en cada momento por su centro, y de denotar lo metafísico, con una descripción muy precisa de lo físico, del entorno urbano en este caso. Ello sería posible si por ejemplo Dostoievski, y por cierto Ernesto Sabato, no fuera también un pensador. El pensamiento de Dostoievski, aunque existe el diario del escritor, se encarna mayormente en la multiplicidad de voces en sus novelas, en las que ofrece por cierto, junto al lenguaje, el sentido del humor, semejante digamos a muchos personajes de Sabato.

Y este mayor número de títulos, no digo en número de palabras, pero sí en número de títulos, en la obra del narrador, no es únicamente, como el diario que ha escrito Dostoievski, un corolario complemento narrativo; es otro aspecto de un escritor bifronte, tan necesario en cuanto a narrador, como en cuanto a ensayista. Como narrador, parece haber dado el tiempo para haber concluido, al menos en cuanto a deparar obras al público. No conozco los detalles de obras escritas, ni destruidas, estimadas, o despojadas y no terminadas, esto pertenece al sagrario de su intimidad.

El Sabato ensayista, en cambio, ha continuado hasta ahora mismo, hasta su último libro *La resistencia*, y antes que éste *Antes del fin*. Estos libros, incluso *La resistencia* que es muy estrictamente ensayístico; y con mayor motivo en *Antes del fin*, que aparentando ser una autobiografía, en realidad es un ensayo sobre material autobiográfico, más que un relato estricto. Son, en cierto modo, la continuación, por caminos distintos, de la búsqueda de la condición humana que aparecía en las novelas de Sabato, en *El túnel, Sobre héroes y tumbas*, y *Abaddón el exterminador*. En *Abaddón el exterminador* era tanto un relato, como un ensayo sobre el relato en sí, y sobre los dos libros que le habían precedido. En cierto modo, en *Abaddón* puede verse una recreación de *Sobre héroes y tumbas*, de *El túnel* y del propio *Abaddón*, una especie de ensayo sobre la narrativa sabatiana.

Es una obra que no olvida la lección de los surrealistas, con quien se formó Ernesto Sabato, conviene recordarlo, y los surrealistas, a su vez, tenían una consigna aprendida de Lautréamont, cuando dejó de llamarse Lautréamont: «La poesía debe tener por objeto la verdad práctica.»

Esto es estrictamente el legado supremo de un escritor como Sabato.

La poesía trata de lo que nos ocurre a todos cada día. Precisamente por eso su misión es difícil.

Muchas gracias.

Palabras de Félix Grande

Enseguida improvisaré algunas de las cosas que pienso desde hace muchos años sobre Ernesto Sabato, pero primero déjenme leer una página que se llama «La fuente de la eterna juventud»:

> Es uno de los hombres más grandes de cuantos durante el atormentado siglo xx han combatido hacia la dignidad y la justicia. Convirtió sus dos manos en dos garras para aferrarse a su conciencia de criatura solitaria y conmovida por la soledad y el infortunio de la especie. Nos dijo así que a un intelectual únicamente le está permitido dormir en paz y en calma, a condición de no volver la espalda al desvelo y a la angustia de su propia conciencia.
>
> Muchas veces la historia lo llamó para pedirle ayuda, y él siempre daba un paso al frente, sabiendo que, si no lo hacía, hubiera sido perseguido por la vergüenza. Nos enseñó que un hombre es el tesón de su conducta, o corre el riesgo de ser una piltrafa. Nos enseñó que una conducta tan sólo merece ese nombre cuando se distribuye entre la indignación y la

misericordia. Nos hizo comprender que el ejercicio de la compasión y de la rectitud comporta el riesgo de ser exterminado por los verdugos del Poder o manchado por la baba de los calumniadores. Fue amenazado de muerte por quienes comercian con la injusticia y la mentira, y fue difamado por quienes tienen gusanos en la boca.

Pero su arrojo se convirtió en una coraza, y su integridad fulminante le borraba la cara a los difamadores. Con sus actos valientes y homogéneos, y con sus palabras lacradas a la serenidad y a la firmeza, nos indicó que la adversidad y el estrago no son sino bravatas del destino, jactancias de la fatalidad, y que para hacer frente a esas bravuconadas contamos con un arma perseverante llamada libertad.

Supo que la libertad no es una estación de llegada, y mucho menos un oasis, sino un camino que no se acaba nunca, y que quien no avanza por ese camino se convierte en estorbo, y miente.

Muchas veces fue el habitante de la desventura, y a menudo recipiente de la desgracia, pero su fidelidad consigo mismo, su lealtad con sus contemporáneos y su congoja ante la misteriosa aventura de esta raza animal que ríe, y llora, y reza, le hicieron siempre incorporarse desde la pena o el horror, acariciarle las mejillas a la tristeza, y echar a andar de nuevo, cargado con sus compromisos y con sus pesadillas, al frágil corazón de los hombres, ese territorio infinito al que llamamos resistencia.

Así es como llamó hace poco Ernesto Sabato a uno de sus dos últimos libros: *La resistencia*. Su autor es hoy un muchacho de 91 años, a quien han mantenido joven la piedad y el coraje.

¿Por qué también se mantienen jóvenes sus libros? Ustedes saben que los buenos escritores son aquellos que ponen las palabras de pie, y ustedes saben, como lo sé yo, que los grandes escritores son aquellos que son capaces de hacer caminar a las palabras de rodillas. De rodillas para que veamos que las palabras son criaturas vivas y sangran. Hay escritores que se sirven de las palabras, los grandes *las* sirven a ellas. Don Miguel de Unamuno, una lectura muy honda de Sabato, nos recordó que las palabras son criaturas vivas, dijo tener fe en las palabras porque ellas son cosa vivida. Y nuestro común amigo y en mi caso maestro Luis Rosales dijo que las palabras, como las emociones, nacen en una fuente remota del sentir colectivo.

Ernesto Sabato supo, desde su primer libro, que un escritor de verdad tiene el deber de no ignorar que las palabras no están ahí para que nos sirvamos de ellas, sino para servirlas a ellas; y están ahí para eso porque vienen desde hace mucho tiempo. Las palabras con las que nos estamos entendiendo esta tarde tienen mil años, y proceden, como a Sabato le gusta decir, de una corrupción del latín, que ya tenía otros mil quinientos años.

De manera que las palabras con las que escribe Ernesto Sabato son criaturas milenarias, son criaturas que tienen mil años, es decir que tienen canas de mil años de longitud, y Sabato sabe, como sabemos los flamencos, que a la larga edad, hay que tenerle largo respeto.

Creo que es ese respeto el que hace que las palabras de Sabato también continúen siempre jóvenes, y no sólo jóvenes, sino siempre solidarias. Las palabras, repito la cita de antes, como las emociones, nacen en una fuente remota del sentir colectivo. Ernesto Sabato sabe que cada palabra que nosotros pronunciamos ha sido pronunciada antes por unos cuantos centenares de maestros del idioma y por billones de criaturas humanas anónimas que se han pasado las palabras por la lengua antes de pronunciarlas y morir.

Y con ese respeto es con el que Ernesto Sabato ayuda a que las palabras caminen arrodilladamente, para que les veamos la sangre de esta tribu, para que veamos la sangre de la especie. Y quizá, para que comprendamos que quizá alguna vez no deberíamos sangrar más. Y quiero terminar contándoles una anécdota que ya he contado alguna vez, incluso me parece que en este salón, pero resulta que esa anécdota le gusta mucho a una abnegada mujer llamada Elvira, que es quien acompaña a Ernesto Sabato.

Recuerden que las dos palabras mágicas con las que terminé esta página eran las palabras piedad y coraje. Ustedes saben que uno de los más grandes guionistas europeos se llama Tonino Guerra. Tonino Guerra es el guionista de los Tavianni, de Vittorio de Sica, de la película *Amarcord*, y además es un excelente poeta, menos conocido desgraciadamente como poeta que como guionista. Un día, a Tonino Guerra, que es norteño, habitante y nacido en la Romaña, en Italia, le llamó su amigo Vittorio de Sica para que le hiciese el servicio de visitar con él Nápoles, porque De Sica tenía la intención de hacer una película con

Nápoles como protagonista. Pero no sabía qué quería contar en ella, y por ello requirió la participación de Tonino Guerra. Llegaron a Nápoles, estuvieron un par de días caminando por Nápoles, yendo a unos sitios y a otros, y a Tonino Guerra, hombre muy norteño, no le encantó particularmente el aturdimiento, la voracidad automotriz de esa ciudad. Vittorio de Sica ya estaba un poco desesperado, y finalmente, hacia las dos de la tarde de un día de verano muy caluroso, se llevó a Tonino Guerra a una taberna, a una tabernita que era una habitación pequeña, con una ventana que daba a una plaza porticada, tras de la cual se veía borrosamente alguna figura, porque la resolana del día emborronaba las imágenes. De pronto, se abrió la cortina y apareció una pareja, se acercaron los dos al mostrador y dijeron: «Por favor, dénos tres cafés, dos para tomar y uno en suspenso.» Tonino Guerra no entendió, no sabía qué pasaba, miró a Vittorio de Sica y le hizo un gesto de interrogación, y Vittorio de Sica le dijo: «Espera, tranquilo.»

La pareja se tomó cada uno su café, pagaron tres cafés, tomaron dos, y se fueron. Luego pasó un grupo de cuatro personas, tomaron cuatro cafés, los pagaron y se fueron; luego pasaron cinco personas, pidieron siete cafés, cinco para tomar y dos en suspenso, se tomaron sus cinco cafés, pagaron siete y se fueron. Tonino Guerra estaba inquieto, como es propio de un hombre perpetuamente asomado a lo maravilloso, y quería saber qué es lo que ocurría. Vittorio de Sica no decía nada, hasta que de pronto, a través de la ventana, se vio una sombra en medio de la resolana, evidentemente era la figura de un ser humano que avanzaba hacia la tabernita, hacia la pequeña cafetería. Y se abrió la cortina y apareció un mendigo. El mendigo se dirigió al camarero con una mezcla de humildad y de cortesía, y preguntó: «¿Por favor, hay algún café en suspenso?» Y el camarero dijo: «Por supuesto, pase.» Se tomó su café y se marchó.

Bien; todos nosotros estamos, no solamente en algunos momentos de nuestra vida, sino quizá en toda nuestra vida, sedientos de piedad, y sedientos de coraje. La taberna de Nápoles, en donde se regalaba el café a los mendigos, sin humillarlos dándoselo en la mano, esta tarde se ha convertido en un hombre para mí prodigioso, a quien cuantos nos sintamos mendigos, necesitados de piedad y de coraje, podemos acudir seguros de que habrá piedad y coraje para todos.

Como decimos los flamencos: Sabato, que Dios lo bendiga.

Palabras de Fanny Rubio

Por ser la última voy a apostillar tal vez a mis compañeros, pero quiero reconocer en primer lugar la deuda que ha contraído la literatura española con un maestro de la lengua compartida, de la lengua que hablamos trescientos millones de personas. Quiero darle las gracias, porque Sabato ha escrito una obra monumental, gestada tras el periplo breve de Sabato por el mundo de la ciencia, la física y la matemática. En el contraste de este mundo, inicialmente, este mundo de su formación, con las lecturas, como se ha dicho aquí, de los escritores rusos, pero también de una obra contagiada de las estéticas de la vanguardia, del surrealismo, del psicoanálisis, del existencialismo, del experimentalismo, las grandes escuelas del siglo. Contagio realizado en la pelea por la literatura como un espacio desde donde intentar rescatar al hombre integral.

Quiero dar las gracias por su capacidad analítica, que forma parte de un oficio en el que tiene pocos competidores, gracias a la sabia articulación entre el discurso de la literatura y otros discursos que penetran en ella, pues, como ha dicho muchas veces, la literatura no está separada de los otros discursos. Pero además por ser un escritor muy argentino; se puede ser poco argentino o regular, ¿no? Pero por ser muy bonaerense en sus novelas, bonaerense de calles, sociólogo de la ciudad en la que no vive, y tal vez por eso sea el mejor diseccionador de su atmósfera.

Quiero darle las gracias por *El túnel*, que hizo traducir Camus, y que Graham Greene consideró obra maestra, por ese personaje neurótico, Juan Pablo Castel, ese asesino confeso que narraba en primera persona su crimen pasional. Ese perseguidor perseguido muy de Sabato, de ese relato kafkiano donde los personajes son proyectados por otros personajes y crean una realidad vertiginosa y misteriosa. Tan cervantino; cervantino de ángulo y pirandelliano de juego. Por crear universos de vida para sus personajes sumidos casi siempre en auras de misterio, por esa segunda novela *Sobre héroes y tumbas*, y por ese «Informe sobre ciegos» que también se ha citado aquí, tercera de las cuatro partes con que cuenta *Sobre héroes y tumbas*, con la que culmina el género de la literatura fantástica de nuestra lengua. Por *Abaddón el exterminador*, que fue premio en Francia a la mejor novela extranjera publicada; por anunciar en ella nuestro fin civilizador de la mano del quinto ángel del Apocalipsis, de San Juan, y por mostrar la realidad unida a un submundo perverso, «el mundo está regido por el mal», escribe, «poco puede hacerse para contrarrestarlo»; y por dar en el relato, un nuevo salto entre personajes y autor que se entremezclan desde dentro de la ficción para producir realidad verdadera. En ese reportaje, esa pequeña sección, a la pregunta quién es Ernesto Sabato, el escritor va a responder: «Mis libros han sido un intento a responder a esa pregunta. Yo no quiero obligarlo a leerlos, pero si quiere conocer la respuesta, tendrá que hacerlo.» Así defiende la novela como potencia, como potencia que aúna lo sentimental, lo emocional, el conocimiento, la filosofía, la rebeldía, la ciencia, la política, la historia. Por hacer de la novela un espacio de totalidad, superadora de todo lo existente.

En *El desconocido Da Vinci* Sabato habla de Leonardo y parece hablar de sí mismo. Busca el orden en el tumulto, la calma en la inquietud, la paz en la desdicha, y de la mano de Platón intenta acceder a su universo. Pero ese reino no es el de los hombres, esas abstracciones no los apaciguan sino transitoriamente, y todos concluyen por añorar este mundo terrestre en que se vive con dolor, pero en el que se vive; el único que nos produce pesadumbre, pero el único que nos proporciona plenitud humana.

Sabato ha hecho la definición mejor de escritor como el cavilador; el escritor no está frente a gratuitas e ingeniosas ideas o doctrinas sino frente a cavilaciones. Ese escritor, el mismo que encontró su vocación duramente a través de ásperas dificultades, como él nos cuenta, y de peligrosas tentaciones, debiendo elegir su camino entre otros que se le ofrecían en una encrucijada, tal como en ciertos relatos infantiles, dice, sabiendo que uno y sólo uno, conducía a la princesa encantada.

«¿Para quién escribo este libro? —dice Sabato—. En primer lugar, para mí mismo, con el fin de aclarar vagas intuiciones sobre lo que hago en mi vida; luego porque creo que pueden ser útiles para muchachos que como yo en mi tiempo, luchan con encontrarse.» Por tanto en Sabato la literatura no va a ser nunca un pasatiempo ni una evasión, sino una forma, quizá la más completa, la más profunda, de examinar la condición humana.

Sabato me recuerda a Goldman, a Antonio Machado, a Unamuno, por esa relación que establece entre escritura y conciencia. La novela, dice, debe plantearse como «epifenómeno de un drama infinitamente más vasto, exterior a la literatura misma: el drama de la civilización que dio origen a esa curiosa actividad del espíritu occidental que es la ficción novelesca». Porque nos dice que «si la obra de arte es una estructura, a su vez debe ser considerada como integrante de otra estructura más vasta que la incluye, del mismo modo que la estructura de una melodía perteneciente a una sonata no "vale" en sí misma sino en su interrelación con la obra entera». Por tanto una de las misiones de la literatura va a ser «despertar al hombre que viaja hacia el patíbulo», porque «el conocimiento de vastos territorios de la realidad está reservado al arte, y solamente a él».

Sabato afirma que la tarea central de la novelística hoy es la indagación del hombre, lo que equivale a decir que es la indagación del mal. Gracias por la teoría literaria, ¿quién sino el novelista o el dramaturgo podrá y deberá dar cuenta de esas pasiones que inex-, tricablemente vienen mezcladas a ideas? Él identifica compromiso literario con la integración de las pasiones y de la vida; da testimonio de la realidad humana que también es inseparablemente emotiva e intelectual y recoge dentro de la obra el concepto de otredad, de pensamiento. En estos años en que la literatura parece divorciada del pensamiento, del sentimiento de otredad, en Sabato encontramos una metafísica fraterna. También al final del libro *Antes del fin*, recordando a Miguel Hernández, cita un fragmento de carta, esa carta que Miguel Hernández escribió desde la cárcel, donde finalmente encontró la muerte.

Pues con esa cita de Miguel Hernández, que es también el final de su libro, quiero darle por último, las gracias, y con esas citas de Miguel Hernández termino:

> Volveremos a brindar por todo lo que se pierde y se encuentra: la libertad, las cadenas, la alegría, y ese cariño oculto que nos arrastra a buscarnos a través de toda la tierra.» Y termina Sabato: «Sólo quienes sean capaces de encarnar la utopía serán aptos para el combate decisivo, el de recuperar cuanto de humanidad hayamos perdido.

Muchas gracias.

PALABRAS DE CLAUDIO MAGRIS
Y CONFERENCIA DE SABATO:
«UN HORIZONTE ANTE
EL ABISMO»

PALABRAS DE CLAUDIO MAGRIS

Hay una palabra que Ernesto Sabato utiliza a menudo para indicar el sentido de vivir y quizás cualquier cosa que se parezca a la felicidad; un adjetivo: *compartido*, silencio compartido con un ser querido, un momento compartido con un amigo, con la persona amada, una existencia compartida. Es una palabra que también yo amo mucho, porque creo, como escribe Sabato en *El escritor y sus fantasmas*, que vivir es convivir, y para mí es realmente una verdadera gracia, un regalo que el Círculo de Bellas Artes me ha hecho, poder compartir esta velada con Sabato y con ustedes. Tal vez simple mérito, no porque yo sea un especialista; yo he leído mucho de Sabato, mucho en italiano, un poco en español, he leído las novelas y los ensayos. Otros sabrán hablar de él mucho mejor que yo; sólo he escrito un artículo sobre Ernesto Sabato. Pero el escritor que amamos no es aquel sobre quien escribimos. Yo no he escrito sobre Homero, o sobre Tolstoi, pero Homero, o Tolstoi para mí, no son objetos de interpretaciones sino maestros y compañeros de vida. Así Sabato. Hace muchos años, hace ya treinta y cuatro o treinta y cinco años la compañera de mi existencia compartida, Marisa, mi Matilde, me hizo leer *Sobre héroes y tumbas*. Desde ese momento, Sabato ha entrado en mi vida, y sus libros han entrado en mi vida con violencia, con ternura, como con un hacha, como decía Kafka, pero también como una ola, como un mar. A veces me parece que miro y vivo el mundo con este libro. Y como sucede con los grandes libros que leemos, parece que lo hemos escrito nosotros. Y esto sucede sólo con los grandes libros.

Sabato es un universo, un laberinto, yo no puedo ciertamente darles en pocos minutos un cuadro completo. Me detendré sólo en lo fundamental: para empezar es un gran escritor, que en una larga vida ha escrito tres novelas, por eso ha estado siempre libre de la ansiedad de publicar; que ha escrito sólo cuando ha sentido que era necesario escribir; un hombre que ha demostrado también esta libertad del deber de estar siempre presente, del deber de ser siempre un artista; es esto lo que permite a la escritura ser grande.

Sabato une dos verdades. Dos verdades necesarias que expresa el escritor, que se mezclan, nutriéndose una de la otra, haciendo de una la coartada de la otra. Son la verdad diurna y la nocturna. El lado diurno, y el mostruoso mundo de sus tinieblas, como dice en sus páginas.

En el gran libro *Antes del fin*, Sabato dice al principio que en este libro no se encontrarán sus verdades más atroces, que las verdades más atroces se encuentran en sus ficciones, enmascaradas, porque de lo contrario no podría confesarlo a cara descubierta.

Es un problema, creo, fundamental; no hay un escritor en el mundo que haya sabido expresar con tanta fuerza, y con tanta lucidez y honestidad, esta verdad.

Antes del fin habla de una verdad esencial, la fraternidad con todos los débiles, la lucha contra la tiranía; sabemos lo que ha hecho Ernesto Sabato en defensa concreta de la libertad de las personas. Es un gran libro de amor, de amistad, de afectos familiares, un libro del amor paterno; el libro de un hombre que de forma extraordinaria confiesa haber tenido alguna vez la tentación del suicidio, pero no haberlo hecho porque sabe que no se puede causar dolor a nadie, ni siquiera a un perro. Y yo encuentro que esto es una verdad extraordinaria. Él es un hombre que verdaderamente hace pensar en la expresión del Evangelio, la sal de la tierra. Y este libro habla de la visión del mundo que son las opiniones humanas, morales, los sentimientos de Ernesto Sabato.

Ernesto Sabato es también un extraordinario ensayista. Pienso en sus ensayos, que son de los más claros, de los más lúcidos. Es un escritor que, cuando se ocupa del lado diurno, lo hace como un credo; yo no conozco otro escritor que haya sabido hacerlo con tanta responsabilidad. Ésta es una virtud de la que muchos escritores, también grandes, a menudo carecen casi por completo.

Luego hay también las otras verdades. Son las verdades que vienen de la escritura nocturna. Es grandioso que un hombre sepa ser grande en las dos dimensiones. Normalmente tenemos a escritores que son grandes en una, o en la otra. Pero cuando Sabato habla con su escritura nocturna, sus visiones nos hablan de excesos, hablan de cosas indignas, que van más allá de aquello que la conciencia puede consentir —son sus palabras las que yo recito.

En esta obra nocturna Sabato escucha y hace hablar a otra voz. Una voz que es suya pero que en buena parte desconoce, y que va más allá de aquello de lo que es consciente. Él mismo ha escrito una vez que no sabría explicar qué ha querido decir en sus novelas. *Sobre héroes y tumbas* este subsuelo de tiniebla, esta historia terrible; su libro más grande me acompaña en la vida. También *El Túnel*, también *Abaddón el exterminador*; pero sobre todo éste, que yo creo *El* libro por el que Sabato estará para siempre en la historia.

Ahora, en esta escritura nocturna naturalmente no se puede decir la verdad positiva, decir directamente el amor, la solidaridad, la fraternidad. Se puede testimoniar el fantasma que viene de fuera, de las tinieblas. Es una escritura en la cual el autor da voz no sólo a los sentimientos, a las ideas que él conoce, sino a cualquier cosa que viene de fuera, y que habla por todos, y que va más allá de su control.

Tolstoi dijo una vez: «he perdido el control sobre Ana Karenina; hace aquello que ella quiere». El escritor que hace hablar de esto otro es un escritor cuya creatividad extrañante se encuentra con su doble. El escritor que oye esta voz alguna vez preferiría decir otra cosa, pero si es un gran escritor la deja hablar.

Esto hace grande a Ernesto Sabato, deja hablar a ese otro escritor, a ese doble, corriendo el mismo riesgo que corre también el escritor, hablando de verdades arrebatadoras. El escritor, en su lado diurno, quiere que el sol no resplandezca igual sobre los justos y sobre los injustos, y la grandeza de Ernesto Sabato, y no de muchos más, es que él se ha enfrentado con la escritura nocturna, con el escándalo de la vida, pero sin ser profeta de las tinieblas, sin corretear con ellas. Él baja a las tinieblas, ve la medusa, ve la cabeza enredada con las serpientes, y la cabeza enredada con las serpientes no se puede embellecer, por lo tanto él no sufre la fascinación del horror, la fascinación de la medusa. Sabato por lo tanto repite siempre que las verdades del escritor se encuentran en sus ficciones, en este lado nocturno. Nosotros podemos luchar contra las tinieblas, contra nuestros diablos, pero a la vez tenemos miedo de ser sólo tiniebla, de ser sólo el lado nocturno. Ésta es la grandeza de Sabato, este coraje, este valor, esta lucha. Sus obras son luz y tiniebla; todo lo que tiene la vida. Saber unir la aventura de la vida con el juicio, el compromiso, la moral. Para seguir con la buena lucha, como decía San Pablo.

La vida es más de todas formas, que cualquier escritura. Y la humildad de Ernesto Sabato, que se convierte en coraje, su pasión, su ironía, lo hacen grande. El gran arte sabe que tiene que servir a la existencia, como decía Esquilo, que hizo que en su tumba se pusiera simplemente que había luchado con valor en

Maratón. Frente a un gran escritor, como Ernesto Sabato, hay que decirle simplemente gracias por existir, por ayudarnos a vivir con mayor valor y con humildad. Leer a Sabato, compartir la vida con él, nos ayuda a vivir mejor.

Un horizonte ante el abismo

por Ernesto Sabato

Muchas gracias querido Claudio, por las palabras que ha pronunciado sobre mi obra.

Hace años yo conocí a la suya a través de su excepcional ensayo sobre Oblomov, ya que este personaje es entrañable para mí, y uno de los puentes que conectan misteriosamente a los habitantes de nuestras pampas con aquellos colosos de la estepa rusa. Gracias Claudio, por su obra y su generosidad.

He venido a España probablemente por última vez, soy recibido con todo el afecto, la devoción, con que este pueblo admirable me ha tratado siempre. Como ayer, las primeras palabras quiero que sean de gratitud a la generosa y enorme ayuda que la gente de distintos lugares de España nos ha hecho llegar a través de iglesias y distintas instituciones.

Todos ustedes comparten conmigo el profundo dolor que siento por nuestra Patria.

Amo esta tierra desventurada como es hoy porque allí nací, tuve ilusiones, luché con el sueño de transformar el mundo, amé y sufrí, y porque a una tierra nos une entrañablemente, no sólo sus felicidades y virtudes, sino y sobre todo, sus tristezas y precariedades. En mi país conocí a la gente que más me ha amado y alentado, gente generosa, sensible, llena de talentos y posibilidades. A ellos les pertenezco, en medio de esta tragedia que vivimos como lo más sagrado.

La Argentina ha caído de la situación de país rico, riquísimo, que yo en mi juventud conocí como la séptima potencia del mundo, a ser hoy una nación arrasada por los explotadores y los corruptos, los de adentro y los de afuera. Hundida en la miseria, sin plata para cubrir las más urgentes necesidades de salud y educación; exigida permanentemente por las entidades internacionales a reducir más y más el gasto público, siendo que no hay ya ni gasas ni los remedios más elementales en los hospitales, cuando no se cuenta ni con tizas ni con un pobre mapa en los colegios; esos colegios que supieron ser, cuando yo era un chico, un modelo de educación, como de los mejores del mundo.

Somos hoy un país pobre, una deuda externa extenuante pesa sobre nuestro pueblo. Sufrimos una sensación de impotencia que parece comprometer la vida de los hombres.

Sin embargo creo en verdad estamos frente a ese momento de supremo peligro que es a la vez aquel en el que crece lo que nos puede salvar, en el decir de Hölderlin.

No sabemos adónde nos llevarán los años decisivos que estamos viviendo, pero sí podemos afirmar que una concepción nueva de la vida está ya entre nosotros. En medio del caos, la pobreza y el desempleo todos nos estamos sintiendo hermanados quizá como nunca antes.

Que estamos frente a la más grave encrucijada de la historia es un hecho tan evidente que hace prescindible toda constatación. Ya no se puede avanzar por el mismo camino.

Basta ver las noticias para advertir que es inadmisible abandonarse tranquilamente a la idea de que nuestro país —y el mundo— superará sin más la crisis que atraviesa.

Como dijo María Zambrano:

> Las crisis muestran las entrañas de la vida humana, el desamparo del hombre que se ha quedado sin asidero, sin punto de referencia de una vida que no fluye hacia meta alguna y que no encuentra justificación. Entonces, en medio de tanta desdicha, los que vivimos en crisis tengamos, tal vez, el privilegio de ver más claramente, como puesta al descubierto por sí misma y no por nosotros, por revelación y no por descubrimiento, la vida humana, nuestra vida. Es la experiencia peculiar de la crisis. Y como la historia parece decirnos que se han verificado varias, tendríamos que cada crisis histórica nos pone de manifiesto un conflicto esencial de la vida humana, un conflicto último, radical.

Todo aquello que alguna vez fue motivo de comunión nos abandona, abriendo en nuestro espíritu la amarga sensación de un destierro. El sentimiento de orfandad comienza precisamente cuando los valores compartidos y sagrados ya no dispensan aquella sensación de estar reunidos en un mismo anhelo.

Como centinelas, cada hombre ha de permanecer en vela. Porque todo cambio exige creación, novedad respecto de lo que estamos viviendo, y la creación sólo surge en la libertad y está estrechamente ligada al sentido de la responsabilidad.

Éste es el poder que vence al miedo. Por eso, en los últimos meses, decenas de miles de hombres y mujeres, jóvenes y ancianos, madres con sus criaturas en brazos, han salido a nuestras calles a decir ¡Basta!

A pesar de las desilusiones y frustraciones acumuladas, no hay motivo para descreer del valor de estas grandes y graves gestas cotidianas.

Nuestra sociedad se ha visto hasta tal punto golpeada por la injusticia y el dolor; su espíritu ha sido corroído de tal manera por la impunidad que rodea los ámbitos del poder, que se vuelve casi imprescindible la transmisión de nuevos valores a las jóvenes generaciones.

¿Y cómo vamos a poder transmitir los grandes valores a nuestros hijos, si, en el grosero cambalache en que vivimos, ya no se distingue si alguien es reconocido por héroe o por criminal? Y no piensen que exagero. ¿Acaso no es un crimen que a millones de personas en la pobreza se les quite lo poco que les corresponde?

Hoy, nuestro país está atravesando un momento aciago con los peligros que acarrea.

Debemos desandar un largo y tortuoso camino fatalmente asignado por las grandes desgracias que ocasionaron tanto los golpes militares, como las políticas sociales y económicas que de ninguna manera fueron pensadas para el bien de nuestro pueblo; sino, por el contrario, dictaminadas por el despotismo de las grandes empresas que nos controlan; amparadas, a su vez, por funcionarios corruptos que han saqueado el patrimonio nacional, en aras del beneficio personal y las rencillas partidarias.

Porque esta crisis, que tanta desolación está ocasionando, tiene también su contrapartida: ya no hay posibilidades para los pueblos ni para las personas de jugarse por sí mismos. El «sálvese quien pueda» no sólo es inmoral, sino que tampoco alcanza. Es ésta una hora decisiva. Sobre nuestra generación pesa el destino, y es ésta nuestra responsabilidad histórica.

Y no me refiero sólo a nuestro país, el mundo nos reclama, reclama ser expresado para que el martirio de algunos no se pierda en el tumulto y en el caos sino que pueda alcanzar el corazón de otros hombres, para repararlos y salvarlos.

Dijo Camus:

> Indudablemente cada generación se cree destinada a rehacer el mundo. La mía sabe, sin embargo, que no podrá hacerlo. Pero su tarea es, quizá, mayor. Consiste en impedir que el mundo se deshaga. Heredera de una historia corrupta en la que se mezclan

las revoluciones fracasadas, las técnicas enloquecidas, los dioses muertos y las ideologías extenuadas; en la que poderes mediocres, que pueden hoy destruirlo todo, no saben convencer; en que la inteligencia se humilla hasta ponerse al servicio del odio y la opresión.

Es imposible no corroborar a diario estas palabras. Ante la visión de las antiguas torres derruidas, la vida se ha vuelto una inmensa cuesta en alto. Y aunque la fuerza del espíritu nos impulsa a seguir luchando, hay días en que el desaliento nos hace dudar si seremos capaces de rescatar al mundo de tanto desamparo.

La grave situación que atravesamos no es únicamente la crisis de un país sino de vastas regiones del mundo que incluye a millones y millones de seres humanos, es el quiebro de una concepción de la vida basada en la idolatría de la técnica y la explotación del hombre.

Cuando en 1951 publiqué *Hombres y engranajes* recibí tal cantidad de ataques y críticas feroces de parte de los famosos progresistas que se negaban a ver el desastre que ellos mismos, con su fetichismo por la ciencia y la razón y el dinero, habían ayudado a promover.

Profetas como Blake, Kierkegaard, Dostoievski, Nietzsche; espíritus profundos y visionarios como Buber, Pascal, Schopenhauer, Berdiaev, Unamuno; todos ellos habían tenido la visión del Apocalipsis que se estaba gestando en medio del optimismo tecnocrático.

Han pasado cincuenta años de la publicación de este ensayo, y ahora, con espantoso patetismo, mu chos advierten el cumplimiento de aquella intuición que tanta amargura me trajo.

Estamos en la fase final de una cultura y un estilo de vida que durante siglos dio a los hombres amparo y orientación. Hemos recorrido hasta el abismo las sendas del individualismo. Aquel hombre que en el Renacimiento entró en la historia moderna lleno de confianza en sí mismo y en sus potencialidades creadoras, ahora sale de ella con su fe hecha jirones.

Bajo el firmamento de estos tiempos modernos, los seres humanos atravesaron con euforia momentos de esplendor y sufrieron con entereza guerras y miserias atroces. Hoy con angustia presentimos su fin, su inevitable invierno, sabiendo que ha sido construida con los afanes de millones de hombres que han sacrificado su vida, sus años, sus estudios, la totalidad de sus horas de trabajo, y la sangre de todos los que cayeron, con sentido o inútilmente, durante siglos.

La fe en el hombre y en las fuerzas autónomas que lo sostenían se han conmovido hasta el fondo. Demasiadas esperanzas se han quebrado; el hombre se siente exiliado de su propia existencia, extraviado en un universo kafkiano.

Situación más trágica aún, ya que no es la de otros tiempos en que la vida rebosaba en aventuras y consignas, cuando los hombres nos sentíamos hechizados por las banderas que nos impulsaban a transformar el mundo. Ésta es una crisis que soportamos dentro, y en la que el hombre, como preso de sí mismo, se ha recluido. Y si algo novedoso y fundamental se expresa en nuestro pueblo es el deseo de no permitir que una única concepción del modo de vivir, un único modelo de sociedad se la imponga.

Tenemos que absolutamente saber que hay una manera de contribuir a la protección de la humanidad, y es no resignarse.

Veinte o treinta empresas, como un salvaje animal totalitario, tienen el dominio del planeta en sus garras. Déspotas invisibles, controlan con sus órdenes la dictadura del hambre, la que ya no respeta ideologías ni banderas. Continentes enteros en la miseria junto a altos niveles tecnológicos, posibilidades de vida asombrosas a la par de millones de hombres desocupados, sin hogar, sin asistencia médica. Diariamente es amputada la vida de miles de hombres y mujeres; de innumerable cantidad de adolescentes que no tendrán ocasión de comenzar siquiera a entrever el contenido de sus sueños.

Ya la gente tiene temor que por tomar decisiones que hagan más humana su vida, pierdan el trabajo, sean expulsados y pasen a pertenecer a esas multitudes que corren acongojadas en busca de un empleo que les impida caer en la miseria. Son los excluidos, una categoría nueva que habla tanto de la explosión demográfica como de la incapacidad de esta economía en cuyos balances no cuentan la vida de millones de hombres y mujeres que así viven y mueren en la peor miseria. Son los excluidos de las necesidades mínimas de la comida, la salud, la educación y la justicia; de las ciudades como de sus tierras. Tomar conciencia de la capacidad que cada uno posee puede generar otra manera de vivir, donde el replegarse sobre sí mismo sea escándalo, y los hombres se aproximen a la orfandad del otro como quien va hacia un encuentro imprescindible para la vida. Ya que nada hay más humano que el poner en riesgo la propia vida por los demás.

Debo confesar que durante mucho tiempo creí y afirmé que éste era un tiempo final. Por hechos que suceden o por estados de ánimo, a veces vuelvo a pensamientos catastróficos que no dan más lugar a la existencia de los hombres sobre la tierra. Pero la vida es un ir abriendo brechas hasta finalmente comprender que era el camino.

Y entonces vuelve a sorprenderme la capacidad de la vida para encontrar resquicios donde seguir creando. Esto es algo que siempre me deja anonadado, como quien bien comprende que la vida nos rebalsa, y sobrepasa todo lo que sobre ella podamos pensar.

Desde su raíz oscura, la vida busca un lugar donde volver a nacer. Y en tiempos de catástrofes como es el nuestro, los hombres se ven obligados a demostrar cuántos de ellos conservan aún su pertenencia a lo genuino, a lo humano.

Sólo el que lleve en sí al menos una mínima parte de la raíz primordial será capaz de nutrirse de aquel manantial oculto del que surge el coraje para seguir luchando.

Como afirma Jünger:

> En los grandes peligros se buscará lo que salva a mayor profundidad.
> [...] Nuestra esperanza hoy se apoya en que al

menos una de estas raíces vuelva a ponernos en contacto con aquel reino telúrico del que se nutre la vida de los pueblos y de los hombres. Necesitamos el valor de penetrar en las grietas para que pueda volver a filtrarse el torrente de la vida.

En medio del miedo y la depresión que prevalece en este tiempo, irán surgiendo, por debajo, imperceptiblemente, atisbos de otra manera de vivir que busque, en medio del abismo, la recuperación de una humanidad que se siente a sí misma desfallecer.

La fe que me posee se apoya en la esperanza de que el hombre, a la vera de un gran salto, vuelva a encarnar los valores trascendentes, eligiéndolos con una libertad a la que este tiempo, providencialmente, lo está enfrentando. Porque toda desgracia tiene su fruto si el hombre es capaz de soportar el infortunio con grandeza, sin claudicar a sus valores.

Aunque todos, por distintas razones, alguna vez nos doblegamos, hay algo que nos convertirá y es la convicción de que, únicamente, los valores del espíritu pueden salvarnos de este gran terremoto que amenaza a la humanidad entera. Necesitamos ese coraje que nos sitúe en la verdadera dimensión del hombre.

Recordemos también a Nietzsche cuando dice: «Yo amo a quienes no saben vivir de otro modo que hundiéndose en el ocaso. Pues ellos son los que pasan al otro lado.»

Fundamentales palabras estas, porque sin duda lo que hoy nos toca atravesar es un pasaje. Este pasaje significa un paso atrás para que una nueva concepción del universo vaya tomando lugar, del mismo modo que en el campo se levantan los rastrojos para que la tierra desnuda pueda recibir la nueva siembra.

La vida del mundo ha de abrazarse como la tarea más propia y salir a defenderla, con la gravedad de los momentos decisivos. Ésa es nuestra misión. Porque el mundo del que somos responsables es éste: el único que nos hiere con el dolor y la desdicha, pero también el único que nos da la plenitud de la existencia, esta sangre, este fuego, este amor, esta espera de la muerte.

Este deseo de convertir la vida en un espacio de humanidad.

No podemos hundirnos en la depresión, porque es, de alguna manera, un lujo que no pueden darse los padres de los chiquitos que padecen el hambre. Y no es posible que nos encerremos cada vez con más seguridades en nuestros hogares.

Tenemos que abrirnos al mundo. No considerar que el desastre está afuera, sino que arde como una fogata en el propio comedor de nuestras casas. Es la vida y nuestra tierra las que están en peligro.

La solidaridad adquiere entonces un lugar decisivo en este mundo acéfalo que excluye a los diferentes.

Cuando nos hagamos responsables del dolor del otro, nuestro compromiso nos dará un sentido que nos colocará por encima de la fatalidad de la historia.

Pero antes habremos de aceptar que hemos fracasado. De lo contrario volveremos a ser arrastrados por los profetas de la televisión, por los que buscan la salvación en la panacea del hiperdesarrollo.

El consumo no es un sustituto del Paraíso:

La situación es muy grave y nos afecta a todos. Pero aun así, hay quienes se esfuerzan por no traicionar los valores nobles. Millones de seres en el mundo sobreviven heroicamente en la miseria. Ellos son los mártires.

Entre ellos, los más vulnerables, inocentes, sagrados. Hay millones de niños y niñas cuyas primeras imágenes de la vida son las del abandono y el horror.

El tremendo estado de desprotección en que se halla arrojada la infancia nos demuestra un tiempo de inmoralidad irreparable.

Para todo hombre es una vergüenza, un verdadero crimen, que existan doscientos cincuenta millones de niños explotados en el mundo.

Quiera Dios que sean ellos, estos pequeños chicos abandonados que nos pertenecen tanto como nuestros propios hijos quienes nos abran a una vida humana que los incluya.

Les leo algo de Hölderlin:

El fuego mismo de los dioses día y noche nos empuja a seguir adelante.
Ven. Miremos los espacios abiertos.
Busquemos lo que nos pertenece por lejano que esté.

PALABRAS DE JOSÉ SARAMAGO
EN LA RECEPCIÓN
DEL HONORIS CAUSA *QUE*
SE LE OTORGÓ A ERNESTO SABATO
POR LA UNIVERSIDAD CARLOS III

La verdad que uno encuentra en su vida, sobre todo cuando ésta es larga, perdura por el resto del tiempo que uno tenga que vivir y pertenece a los momentos grandiosos. En una vida tan larga como la de Ernesto, o como la mía, incluso en las vidas que todavía no son largas pero lo serán, esos momentos nos acompañan para siempre.

El de Ernesto con nosotros, aquí y ahora, es un momento grandioso que no se olvidará. Y no se olvidará nunca por una razón principal. Se podría decir que esta razón es la obra de Ernesto Sabato; así es también para mí. Pero hay además otra razón que tiene que ver con el hecho de que nosotros nos tratamos de hermanos. Hermanos no por la sangre, pues no sería cierto; la sangre de Sabato es de Italia, la mía, en su mayor parte, seguramente de Portugal, aunque yo creo incluso que tengo sangre marroquí, o bereber. Pero no es cuestión de sangre. Es una especie de identificación, de identidad común, una fraternidad por la ilusión, una fraternidad por las ideas, que no tienen que ser coincidentes pero que sí marcan una relación con los demás, con la gente, con el mundo, con el universo, ¡si pudiéramos pretender algo como el universo!

Esa idea de fraternidad, esa especie de lugar donde nos hemos encontrado, ese momento sucedió con una sencillez tal como si algo nos hubiera sido prometido, a uno y a otro, y finalmente se hubiera cumplido. El primer encuentro entre nosotros ha sido y sigue siendo para mí uno de los momentos más hermosos de mi vida, cuyo sentido luego no he hecho más que confirmar.

Así se entiende para mí que comience por esto esencial, principal, fundamental, sobre todo en un tiempo, como el que estamos viviendo, en que es tan fácil no pensar en nada, en que es tan fácil olvidar incluso la obligación de pensar. Pensar: esto que nos ha llevado miles y miles de años, que fueron los necesarios para formar lo que llamamos pensamiento, esto que llamamos el entendimiento humano.

Esta verdad, para decirlo de un modo sencillo, es la que nos da el sentimiento. Y es en este sentimiento de fraternidad en el que nos encontramos con Ernesto Sabato. Por todas las razones también, pero en lo más profundo por esta fraternidad en el pensar y en la actitud ante la vida.

Yo conozco la obra de Sabato desde los años cincuenta; del siglo XX, claro. En ese tiempo yo tenía quizá treinta y dos, treinta y tres años, algo así. En una tertulia en Lisboa, en un café muy frecuentado, un día en que se hablaba mucho de París, de los artistas de París, había un hombre, una persona rara porque sólo hablaba de la Argentina, que sólo hablaba de Ernesto Sabato. Allí comenzó para mí una aventura intelectual pero al mismo tiempo humana, la gran aventura que fue entrar poquito a poco en el universo, no sólo ficcional, sino psicológico, axiológico, de Sabato. Y esa aventura ha continuado.

Estoy hablando de mí, de «yo», porque aquí es necesario que se entienda qué es lo que une, qué es lo que liga a aquella persona *rara* con esa persona que está allí *(señala a Sabato)* y con esta persona que está aquí *(él mismo)*.

En esa época yo estaba leyendo mucho a Montaigne, y me di cuenta de que entre Sabato y Montaigne había una similitud por encima de las distancias de tiempo, de cultura, de lugar. A pesar de esas diferencias, había algo que acercaba a Sabato y Montaigne. Quizá yo en ese momento no lo entendí así: Montaigne era Montaigne y Sabato era alguien que yo estaba descubriendo. Entonces Montaigne tenía el prestigio de su genio y del tiempo transcurrido. Pero la diferencia que yo encontré entre uno y otro, y que los años me confirmaron, es que mientras Montaigne tiene un tipo sereno de escepticismo —pues Montaigne es un escéptico—, Sabato es también escéptico, pesimista, pero no tiene serenidad.

Sabato ha vivido un parto, una tormenta de ilusión que tiene que ver con su propia relación con el mundo pero, sobre todo, con lo que para él significa esta relación; es decir, el mundo como algo que él tenía que esforzarse por entender, por comprender. Como todos nosotros, él se encontraba delante de un mundo opaco. Pero, al contrario de casi todos, Sabato se negaba a aceptar esa opacidad. Y eso se demuestra en su obra.

Esto es algo a lo que quizá no se le ha dado la atención suficiente; aunque se le ha dado atención constante, de todos modos no ha sido suficiente. Ése es trabajo para la nueva gente.

Desde *El túnel* hasta *Abaddón el exterminador*, y pasando por esa obra fundamental en todos los aspectos que es *Sobre héroes y tumbas*, Sabato entendió que la novela podía ser esa especie de lugar donde todo confluye, donde todo tiene que confluir para que el mundo pueda ser entendido. Ya que la novela es el lugar por excelencia de los conflictos humanos, todo tiene que confluir para que el mundo pueda ser comprendido.

Pero quiero señalar, al mismo tiempo, el trabajo ensayístico de Sabato, con obras fundamentales como *El escritor y sus fantasmas*, *Hombres y engranajes*, o *Apologías y rechazos*. Los ensayos de Sabato son de una lucidez, de una claridad y de una pertinencia verdaderamente impecables. Yo recomendaría, por ejemplo, a los que tienen la responsabilidad de la educación de jóvenes, la lectura de los dos ensayos sobre la educación.

Lo que ha pasado con Sabato es lo contrario de lo que desgraciadamente suele ocurrir. No es él un escritor que se considere a sí mismo como alguien a quien hay que escuchar. Sí, ha escrito para que lo escuchen, para que lo comprendan, pero no por eso el suyo ha dejado de ser un modelo de trabajo silencioso, hostigado, fiel a lo que uno piensa; es como si tuviera lugar dentro de una colmena, donde se hace, de toda la amargura del mundo, la miel de la comprensión, del acercamiento: el sentido de la humanidad y del humanismo.

Su actitud ante la vida no es la de los curiosos ni la de los intelectuales; Sabato ha podido vivir en su propia vida todo lo que se puede vivir: a través del amor, de la política, del arte o de la ciencia, pues no olvidemos que empezó su vida en el campo de la física. Pero todo lo que vivió, aparentemente, no hizo sino empujarlo a la creación literaria, ya que al fin llegó el momento en que entendió su necesidad de expresarse, de intentar ofrecer lo que había vivido.

La ciencia, claro, es demasiado ajena a todo eso. La ciencia es como una especie de espacio donde la atmósfera estaría purificada y donde todo serían fórmulas, donde todo sería descubrir, reconocer o inventar las acciones recíprocas entre esto y aquello, mientras afuera quedaría la humanidad toda, la humanidad sufriente. El hombre que no sabe dónde va, Sabato mismo, el hombre que tampoco sabe de dónde ha venido; que también ignora qué es lo que están haciendo de él, aunque en ese momento él mismo, su vida, sean por eso universales.

Pero la de Sabato no es una obra para tranquilizar a nadie. Que nadie, entonces, se acerque a Sabato queriendo que lo confirme en su necesidad de tranquilidad. No, si hay alguien, si hay un escritor en el mundo, hoy mismo, cuya obra sirva para inquietar, para decir «no te fíes de lo que estás pensando, porque quizá no sea más que un espejismo que alimentas contigo mismo, para ti mismo, para encerrarte detrás de una moral que te protege», ése es Sabato. Él tira la muralla y nos enfrenta a la realidad, esa terrible realidad que por un lado es el hombre y por otro la sociedad humana. Ése es, a mi juicio, el sentido difícil, el sentido profundo de la obra de Sabato.

Y eso está bien. Porque necesitamos que nos quiten este respaldo. Rodeados de complicaciones como estamos, si algo no nos afecta directamente, decimos que no tiene nada que ver con nosotros, que es una cosa que no nos pertenece. Pero todo lo que ocurre lleva una parte de responsabilidad nuestra. Y esto es algo profundamente provocador que hay en la obra de Sabato, que en el fondo consiste en decir al lector: tú eres responsable.

Y si a Sabato se le preguntara: «¿pero soy responsable por qué?, ¿qué es lo que he hecho?», su misma obra podría respondernos: «Nada, no has hecho nada, pero aunque no hayas hecho nada tienes una parte de responsabilidad. Tú no tienes culpa; no hay que confundir la culpa que llevo dentro, que quizá llevo o no llevo, con la responsabilidad.»

Pues la responsabilidad la tenemos todos, no la podemos olvidar; y no podemos decir que esto pertenece a otro, y que ése tiene la responsabilidad.

La obra ficcional de Sabato, sus ensayos, provienen del hombre que es Sabato, la persona intelectual, el ciudadano, toda su humanidad. Y ese Sabato viene de la Argentina.

¿Qué es lo que ha pasado con la Argentina? Pues

también para eso hay que leer *El túnel,* hay que leer *Sobre héroes y tumbas* y hay que leer *Abaddón el exterminador.* Y hay que leer lo que en los ensayos ya lo anuncia, o lo que Sabato cuenta en un libro tan fundamental como *Antes del fin,* aunque éste no será el fin. El escritor tiene 91 años, pero está ahora diciéndonos qué ha hecho, nos cuenta que ha participado de un Congreso aquí en Madrid, nos dice que ahora hay que llevarles la cuenta a los mayores; después de las jubilaciones anticipadas ya nos está diciendo que no, que van a seguir trabajando, que los mayores están trabajando y que hay que escucharlos. Sabato reivindica esto que está haciendo, y es ese hacer lo que en la obra de Sabato permanece. Ese enfrentamiento, que es el de todas las palabras, entre él y el mundo, no como una confrontación, sino como una necesidad de entender, de comprender quiénes somos. Quiénes somos nosotros, que creemos saberlo todo del mundo y de nosotros mismos.

Sí, nosotros, que incluso vivimos día a día con la máscara, para que los otros siempre nos reconozcan según una identidad determinada que nos hemos inventado. Sabato siempre nos está diciendo «sí, quizá eres esa máscara, pero detrás quizá tengas otra, y otra, y otra, y otra, y otra». Entonces lo que hay que hacer es buscar, ir más allá de cada máscara, hasta llegar a la desnudez del ser.

Ésta es una necesidad filosófica que existe aunque no tengamos ninguna preparación. Yo no la tengo, incluso Sabato tampoco. No es filósofo porque haya aprendido filosofía, sino que lo es porque tiene esa necesidad de entender qué es lo que caracteriza a su mundo. La esencia más pura de la filosofía es ésa.

Sabato ha sido el presidente de la Comisión que investigó los crímenes de la dictadura en Argentina. Ha escrito y publicado ese informe titulado *Nunca más*. Pero pensemos: ¿podremos alguna vez decir «nunca más»? Lo hemos dicho a propósito de esto y de aquello, incluso en nuestra vida privada: nunca más, nunca más; y luego, estuvimos equivocados. Porque primero uno dice «nunca más» con toda la sinceridad del mundo, pero luego no puede cumplirlo.

Sabato habla del pueblo de los argentinos. Éste no es como el pueblo portugués, como el pueblo español, dotados de una identidad inalterable que se mantiene. En la Argentina, el pueblo son las sucesivas generaciones de un pueblo con el que Sabato está profundamente comprometido.

ÍNDICE